Judith Butler
e a Teoria Queer

Sara Salih

Judith Butler
e a Teoria Queer

Tradução e notas
Guacira Lopes Louro

1ª edição
7ª reimpressão

autêntica

Copyright: © 2002 Sara Salih – Todos os direitos reservados.
Tradução autorizada a partir da edição de língua inglesa pela Routledge,
parte do Taylor & Francis Group.
Copyright desta edição © 2012 Autêntica Editora

Título original: *Judith Butler*

Todos os direitos reservados pela Autêntica Editora. Nenhuma parte desta publicação poderá ser reproduzida, seja por meios mecânicos, eletrônicos, seja via cópia xerográfica, sem a autorização prévia da Editora.

EDITORAS RESPONSÁVEIS
Rejane Dias
Cecília Martins

PROJETO GRÁFICO DE MIOLO
Conrado Esteves

REVISÃO
Dila Bragança de Mendonça

CAPA
Alberto Bittencourt
(sobre fotografia de conjunto de esculturas feitas por George Segal para o Christopher Park, em Nova York em homenagem ao movimento gay. A pequena praça está localizada em frente ao Stonewall Inn, o famoso bar do Village – "where pride began" – onde se desencadearam os conflitos entre policiais e a comunidade gay em 1969).

Dados Internacionais de Catalogação na Publicação (CIP)
(Câmara Brasileira do Livro, SP, Brasil)

Salih, Sara
  Judith Butler e a Teoria Queer / Sara Salih ; tradução e notas Guacira Lopes Louro. – 1. ed.; 7. reimp. – Belo Horizonte : Autêntica Editora, 2022.

  Título original: Judith Butler
  Bibliografia
  ISBN 978-85-65381-38-3

  1. Butler, Judith 2. Identidade de gênero 3. Identidade sexual 4. Identidade social 5. Papel sexual 6. Sexo - Diferenças 7. Teoria feminista 8. Teoria Queer 9. Louro, Guacira Lopes I. Título.

12-07360   CDD-305.4201

Índices para catálogo sistemático:
1. Teoria Queer : Estudo de gênero : Sociologia   305.4201

Belo Horizonte
Rua Carlos Turner, 420
Silveira . 31140-520
Belo Horizonte . MG
Tel.: (55 31) 3465 4500

São Paulo
Av. Paulista, 2.073, Conjunto Nacional
Horsa I . Sala 309 . Cerqueira César
01311-940 . São Paulo . SP
Tel.: (55 11) 3034 4468

www.grupoautentica.com.br
SAC: atendimentoleitor@grupoautentica.com.br

AGRADECIMENTOS

Devo agradecer a Robert Eaglestone pela revisão inteligente e perspicaz; a Liz Thompson, da Editora Routledge, por sua paciente e rigorosa revisão; a Rod Edmond na Universidade de Kent pelas boas sugestões; e a Robert McGill, que leu os esboços, sugeriu mudanças, buscou referências e se mostrou quase sempre muito bem-humorado durante todo este processo.

SUMÁRIO

8. Abreviaturas

9. Por que Butler?

Ideias-chave

31. 1. O sujeito
63. 2. O gênero
103. 3. O sexo
139. 4. A linguagem
165. 5. A psique

189. Depois de Butler

211. Leituras complementares

225. Obras citadas

231. Notas

ABREVIATURAS

As referências a livros, artigos e entrevistas de Judith Butler foram feitas de acordo com as abreviaturas da lista abaixo; detalhes de publicação para esses e outros trabalhos de Butler aparecem no capítulo Leituras Complementares.

BTM - *Bodies That Matter* (1993) [*Corpos que pesam*][1]

CF - "Contingent Foundations" (1990/2) ["Fundações contingentes"]

CHU - *Contingency, Hegemony, Universality* (2000) [*Contingência, hegemonia, universalidade*]

CTS - "Changing the Subject" (2000) ["Mudando de assunto/mudando o sujeito"]

ES - *Excitable Speech* (1997) [*Fala excitável*]

FPBI - "Foucault and the Paradox of Bodily Inscriptions" (1989) ["Foucault e o paradoxo das inscrições corporais"]

GP - "Gender as Performance" (1994) ["O gênero como *performance*"]

GT - *Gender Trouble* (primeira edição, 1990) [*Perturbação de Gênero*][2]

GTII - *Gender Trouble* (edição de aniversário, 1999) [*Perturbação de Gênero*]

NTI - "The Nothing That Is" (1991) ["O nada que é"]

PLP - *The Psychic Life of Power* (1997) [*A vida psíquica do poder*]

RBP - "Revisiting Bodies and Pleasures" (1999) ["Revisitando corpos e prazeres"]

SD - *Subjects of Desire* (primeira edição, 1987) [*Sujeitos de desejo*]

SDII - *Subjects of Desire* (reimpressão, 1999) [*Sujeitos de desejo*]

SG - "Sex and Gender in Simone de Beauvoir's *Second Sex*" (1986) ["Sexo e gênero n'*O segundo sexo*, de Simone de Beauvoir"]

SI - "Sexual Inversions" (1996) ["Inversões sexuais"]

VSG - "Variations on Sex and Gender" (1987) ["Variações sobre sexo e gênero]

WIC - "What Is Critique?" (2000) ["O que é a crítica?"]

WLT - *What's Left of Theory?* (2000) [*O que restou da teoria?*]

POR QUE BUTLER?

Se perguntarmos a alguém que trabalha no campo da Teoria Crítica quem é Judith Butler, é possível que a resposta contenha expressões como "teoria *queer*", "teoria feminista" ou "estudos de gênero". Se aprofundarmos a pergunta, podemos ouvir falar em "performatividade de gênero", "paródia" e "*drag*", conceitos e práticas com os quais Butler veio a ser largamente associada, ainda que talvez de forma equivocada. Judith Butler é professora de retórica e literatura comparada na Universidade da Califórnia, em Berkeley, embora esse título acadêmico seja um tanto enganoso, pois ela não escreve explicitamente nem sobre retórica nem sobre literatura comparada. Outra confusão possível: poucos críticos e acadêmicos associariam Butler inicialmente à filosofia hegeliana, ainda que seja impossível superestimar a influência do filósofo alemão sobre seu trabalho. Butler estudou filosofia nos anos 1980, e seu primeiro livro teve como foco o impacto da obra de Hegel sobre os filósofos franceses do século XX. Seus livros subsequentes recorrem amplamente a teorias psicanalíticas, feministas e pós-estruturalistas: os capítulos seguintes mostrarão a importância de todos esses quadros teóricos para suas exaustivas formulações sobre a questão da identidade.

O possível "desencontro" entre o título acadêmico de Butler e a pessoa que se espera que ele descreva, além de exemplificar as dificuldades que críticos e comentaristas experimentam para situá-la conceitualmente e para localizá-la no interior de um campo intelectual mais amplo, também revela a instabilidade dos termos pelos quais as identidades são constituídas. Nos capítulos seguintes veremos que esse é um dos aspectos da "formação do sujeito" com o qual a obra de Butler está fundamentalmente preocupada. De fato, se tivéssemos de "situar" Butler (uma tarefa que iria contra o espírito butleriano, se é que existe tal coisa), suas teorizações sobre a identidade "generificada" e sexuada seriam vistas provavelmente como as suas mais importantes intervenções no variado conjunto dos campos acadêmicos com os quais está ligada. Seus livros mais conhecidos, *Gender Trouble* (1990) e sua "sequência" *Bodies That Matter* (1993), são encontrados em muitas listas de leitura sobre estudos de gênero e provavelmente são estudados por muitas pessoas que trabalham nas áreas da teoria *queer*, da teoria feminista, da teoria gay e lésbica. Outros livros de Butler lidam com temas relevantes para uma série de outras disciplinas, como a filosofia, a política, o direito, a sociologia, os estudos fílmicos e os estudos literários.

Evidentemente, a obra de Butler não se presta à categorização fácil, mas isso faz parte do seu desafio. Em maior ou menor grau, todos os seus livros levantam questões sobre a formação da identidade e da subjetividade, descrevendo os processos pelos quais nos tornamos sujeitos ao assumir as identidades sexuadas/"generificadas"/racializadas que são construídas para nós (e, em certa medida, por nós) no interior das estruturas de poder existentes. Butler está empenhada em questionar continuamente "o sujeito", indagando através de que processos os sujeitos vêm a existir, através de que meios são construídos e como essas construções são bem-sucedidas (ou não). O "sujeito" de Butler não é um indivíduo, mas uma estrutura linguística em formação. A "sujeitidade" ["*subjecthood*"] não é um dado, e, uma vez que o sujeito está sempre envolvido num processo de devir sem fim, é possível reassumir ou repetir a sujeitidade de diferentes maneiras. "Quem, neste caso, irá se constituir como um sujeito e o que irá contar como uma vida?", indaga Butler num de seus artigos (WIC, p. 20): a quem oprimo ao construir uma identidade coerente para mim mesma e ao "fabricar" a minha identidade? O que acontece se nossas identidades "não são bem-sucedidas"? E poderiam esses fracassos proporcionar oportunidades para *reconstruções* subversivas da identidade? Talvez essas reconstruções, por mais subversivas que possam parecer, acabem se consolidando em formações de identidade que, a seu modo, são igualmente opressivas. Como podemos identificar o que é subversivo e o que simplesmente consolida o poder? E que grau de escolha temos em relação ao modo como "fabricamos" a nossa identidade? Ao colocar essas questões, estou de certo modo me adiantando, mas isso já dá uma ideia das questões que vão ser exploradas em detalhe nos próximos capítulos.

Dialética

Ao ler os textos de Butler, notamos que fazer perguntas é o seu estilo preferido, mas apenas muito raramente ela lhes dá resposta. Às vezes, essa tendência de enfileirar uma questão atrás da outra pode parecer desconcertante, mas não se trata propriamente de um defeito estilístico, e recusar-se a dar respostas não constitui ignorância ou insensibilidade de sua parte. Isso ocorre porque, tal como os sujeitos sobre os quais fala, os trabalhos de Butler são, eles próprios, parte de um processo ou de um devir que não tem origem nem fim; na verdade, de um processo no qual a origem e o fim são rejeitados como sendo opressivamente – e talvez mesmo violentamente – lineares ou "teleológicos" (isto é, movendo-se em direção a um fim ou a um resultado final). Se tentássemos representar o trabalho de Butler num gráfico, não veríamos suas ideias progredindo numa linha direta de "A" a "M" e depois a "Z"; em vez disso, o movimento de seu pensamento se assemelharia mais a uma faixa de Möbius ou a uma série delas, pois suas teorias rodeiam ou contornam as questões sem tentar resolvê-las.

Embora eu vá lidar com o trabalho de Butler em ordem cronológica, ao lê-lo será importante ter em mente que isso não implica que haja uma progressão clara ou linear de um livro para o outro. A ideia de *processo* ou de *devir* é crucial para compreender as teorias de Butler, as quais têm sua base na noção hegeliana de dialética, que será discutida no capítulo 2. Mas pode ser útil apresentar aqui um breve sumário ou uma definição provisória. Na dialética, método de investigação filosófica geralmente associado a Hegel (embora ele não tenha sido o primeiro a formulá-lo), propõe-se uma tese que é depois negada por sua antítese e resolvida numa síntese. Essa síntese ou resolução não é, entretanto, final, mas serve de base para a próxima tese, a qual mais uma vez leva à antítese e à síntese até que todo o processo inicie novamente. No modelo dialético de Butler, o conhecimento avança através da oposição e da negação, nunca alcançando uma certeza "absoluta" ou final, mas simplesmente propondo ideias que não podem ser fixadas como "verdades". As ciências, que muitos veem como possuidoras de algum tipo de autoridade ou pretensão à "verdade", seguem esse mesmo movimento de experimentação, refutação e revisão: um neurocientista que faz uma "descoberta" sobre a operação de neurônios no cérebro se apoia em pesquisas anteriores, e seu trabalho produz um conhecimento que futuras gerações de neurocientistas podem refutar ou usar como base para outras pesquisas. Da mesma maneira, embora muitos filósofos e pensadores possam alegar que descobriram "a verdade", surgem outros filósofos e pensadores que propõem asserções alternativas de verdade, as quais, a seguir, são novamente refutadas por outros.

Butler não é uma pensadora que pretende resolver os problemas e as questões que levanta em suas análises, e, para ela, a dialética é um processo em aberto. De fato, ela vê a resolução como perigosamente antidemocrática, pois ideias e teorias que se apresentam como "verdades" autoevidentes são, com frequência, veículos para pressupostos ideológicos que oprimem certos grupos sociais, particularmente as minorias ou os grupos marginalizados. Para ela, um exemplo óbvio e relevante disso seriam as noções conservadoras que consideram a homossexualidade como "imprópria", "contra a natureza", "anormal" e como algo a ser proibido e punido. Tais atitudes podem ter a pretensão de ser verdadeiras ou naturalmente "corretas" em algum sentido (religioso, moral, ideológico), mas parte do projeto de Butler consiste em deixar esses termos à mostra, em contextualizar e analisar suas pretensões à verdade, sujeitando-os, assim, à interpretação e à contestação. Por "esses termos", quero me referir a categorias de identidade como "gay", "hétero", "bissexual", "transexual", "negro" e "branco", bem como a noções como "verdade", "correto" e "norma". O trabalho de Butler se envolve numa discussão dialética com as categorias pelas quais o sujeito é descrito e constituído, investigando *por que* o sujeito é hoje configurado do modo como é, e sugerindo que é possível fazer com que modos alternativos de descrição estejam disponíveis dentro das estruturas existentes de poder.

Muitas leitoras e leitores podem achar frustrante e incômodo que Butler não dê respostas para as questões que coloca, e alguns críticos apontaram, com indisfarçável prazer, o que parecem ser anomalias e contradições nas teorias dela. E apesar disso, em acordo com o espírito dialético, Butler se mostra disposta a voltar atrás e revisar suas posições, admitindo o erro ou a falta de clareza, quando é o caso, e tirando proveito das lacunas de sua escrita, transformando-as em pontos de partida para futuras orientações críticas e teóricas. Nesse sentido, seu trabalho engaja-se num debate dialético consigo mesmo, à semelhança da trajetória do Espírito descrita por Hegel em *Fenomenologia do espírito*. O importante livro de Hegel descreve o progresso do Espírito em direção ao saber absoluto, mas para Butler a *Fenomenologia* não acaba em fechamento ou resolução; em vez disso, é caracterizada por uma abertura e uma *ir*resolução que contêm mais promessa do que teleologia. Essa compreensão poderia se aplicar igualmente às próprias teorias de Butler e às formulações que ela faz da identidade como um processo sem fim e um devir.

Influências

As análises teóricas de Butler sobre o sujeito e seus processos de formação se constituem em intervenções críticas e teóricas muito importantes em mais de um campo acadêmico, mas isso não é algo que ela tenha realizado sozinha nem Hegel é sua única influência. A própria Butler seria a primeira a reconhecer que teóricos e filósofos não escrevem de forma isolada e que não há nada de "original" ou de singular no que escrevem. Não só porque sua obra necessariamente se encontra numa relação dialética com as ideias e teorias que a precedem, mas também porque todas as asserções são repetições de asserções anteriores que ocorrem na mesma cadeia de significação. Essa é uma ideia importante e à qual iremos retornar nos capítulos seguintes (e não é, certamente, uma ideia "original" de Butler); por ora, farei um esboço de suas complexas afiliações teóricas, filosóficas e políticas.

Já mencionei Hegel como uma influência fundamental sobre Butler, e seu primeiro livro, *Subjects of Desire* (1987), analisa a recepção da *Fenomenologia do espírito* por duas gerações de filósofos franceses do século XX. Dois desses filósofos irão se revelar como importantes influências em seu pensamento futuro. As análises históricas que o filósofo francês Michel Foucault faz das cambiantes construções do sexo e da sexualidade em diferentes sociedades e contextos fornecem a Butler um quadro teórico para suas próprias formulações de gênero, sexo e sexualidade, consideradas não como entidades fixas, mas construídas, formulações sobre o sujeito que são complementadas pelas teorias linguísticas de outro pensador francês do século XX, Jacques Derrida. Se Butler e Foucault descrevem a formação do sujeito como um processo que, para ser compreendido, deve ser analisado em contextos históricos e discursivos específicos, Derrida, por outro lado, descreve o significado como um "evento" que ocorre numa cadeia citacional sem origem ou fim, uma teoria que, na verdade, priva os falantes individuais do controle sobre suas enunciações. Mais uma vez, essa teoria pós-estruturalista da linguagem é uma ideia-chave à qual retornaremos nos capítulos seguintes.

A importância de Foucault e Derrida para a obra de Butler fez com que muitas pessoas a classificassem como uma pós-estruturalista, pois essa seria a suposta "escola de pensamento" à qual geralmente se considera que eles pertencem. No entanto, ainda que ela seja, sem dúvida, influenciada pelos modos de pensamento e de análise pós-estruturalistas, há outras influências igualmente importantes na obra de Butler – em particular, a teoria psicanalítica, a teoria feminista e a teoria marxista –, e alguns desses textos, juntamente com as teorias "butlerianas" correspondentes, estão listados no quadro em anexo. Ideias tais como "performatividade" e "citacionalidade" podem parecer pouco familiares por enquanto, mas serão analisadas nos capítulos que seguem.

Em grande parte, a obra de Butler lê a teoria psicanalítica através de lentes foucaultianas e Foucault através de lentes psicanalíticas (isso vale em particular para *The Psychic Life of Power*, 1997), em especial a obra de Sigmund Freud e a do psicanalista francês pós-estruturalista Jacques Lacan, cujas teorias sobre sexo, sexualidade e gênero têm sido cruciais para uma série de pensadoras feministas. A obra de Butler é fortemente afetada pelos escritos de pensadoras feministas, incluindo a filósofa existencialista Simone de Beauvoir, Monique Wittig, Luce Irigaray e a antropóloga norte-americana Gayle Rubin. À medida que lermos os escritos de Butler, iremos observá-la retornando repetidamente a um importante ensaio do pensador francês marxista Louis Althusser, no qual ele descreve a estrutura e o funcionamento da ideologia e daquilo que ele chama de "aparelhos ideológicos de estado".

Muitas vezes Butler se aproxima (e algumas vezes se apropria) de pensadores e pensadoras dos quais, em alguma medida, suas próprias ideias dependem, num espírito de *crítica* (na sua acepção filosófica, e não na sua acepção vulgar), um tema sobre o qual ela também discorreu na conferência "What is Critique?" (2000). Butler não é uma freudiana ou uma foucaultiana, tampouco uma marxista, uma feminista ou uma pós-estruturalista; em vez disso, podemos dizer que ela tem afinidades com essas teorias e com seus projetos políticos, não se identificando com nenhuma delas em particular, mas utilizando uma série de paradigmas teóricos sempre que pareça conveniente, sob as mais variadas, e por vezes inesperadas, combinações.

Influências e ideias de Butler

A "mulher" como um termo-em-processo
Simone de Beauvoir: *O segundo sexo. v. I e II* ([1949] 1980)

Monique Wittig: "A mente hétero" (1980)

Gayle Rubin: "O tráfico de mulheres: notas sobre a 'Economia política do sexo'" (1975)

A moral do senhor e do escravo
G. W. F. Hegel: *Fenomenologia do espírito* ([1807] 1992)

Friedrich Nietzsche: *A genealogia da moral* ([1887] 1998)

Genealogia/subjetivação
Michel Foucault: *A história da sexualidade v. I* ([1976] 1988); *Vigiar e punir: o nascimento da prisão* ([1975] 1987)

Melancolia
Sigmund Freud: "Luto e melancolia" ([1917] 1996); *O ego e o id* ([1923] 1996); *O mal-estar na civilização* ([1930], 1996)

Interpelação
Louis Althusser: *Ideologia e aparelhos ideológicos do estado* ([1969] 1980)

O falo lésbico
Jacques Lacan: "A significação do falo" ([1958] 1998)

Performatividade e citacionalidade
Jacques Derrida: "Assinatura, acontecimento, contexto" ([1972] 1991)

J. L. Austin: *Como fazer coisas com as palavras* (1955)

Textualmente *Queer*

A obra de Butler tem se preocupado, em grande parte, com a análise e a consequente desestabilização da categoria "o sujeito" (um processo que ela chama de "uma genealogia crítica das ontologias de gênero"), o que faz com que ela seja vista por muitos como *a* teórica *queer* por excelência. Vimos que, até o final dos anos 1980, Butler estava trabalhando sobre Hegel e sua recepção pelos filósofos franceses, e o livro daí resultante, *Subjects of Desire*, curiosamente mostra pouco interesse nas questões que iriam preocupá-la a seguir, isto é, a formação do sujeito no interior das estruturas de poder sexuadas e "generificadas". Porém, três textos publicados nessa época dão uma indicação clara das futuras direções teóricas de Butler: "Sex and Gender in Simone de Beauvoir's *Second Sex*" (1986) e "Variations on Sex and Gender: Beauvoir, Wittig and Foucault" (1987) preparam o caminho para *Gender Trouble*, publicado apenas poucos anos depois, enquanto "Foucault and the Paradox of Bodily Inscriptions" (1989) é uma reflexão sobre a construção discursiva do corpo em *A história da sexualidade v. I*, de Foucault, e em seu *Vigiar e punir*. Esse é um assunto ao qual Butler irá retornar em *Bodies That Matter*, em que faz uma análise muito mais ampla da "matéria do sexo" (veja capítulo 3 deste volume).

Esses textos dão uma clara indicação dos pensadores e das teorias centrais a que Butler se remete, e a combinação de foucaultianismo, psicanálise e feminismo que, desde o início, caracteriza sua obra é parte daquilo que faz com que suas teorias sejam qualificadas como *queer*. De fato, nos anos 1980, quando Butler ingressou no campo teórico filosófico, a teoria feminista começava a questionar (tal como Butler) a categoria "o sujeito feminino" como uma entidade estável e evidente. Uma série de teóricas, influenciadas por Foucault, rejeitava a ideia de que o "sexo" era – como até então se acreditava – uma entidade biologicamente determinada, utilizando, em vez disso, as formulações de Foucault sobre os modos pelos quais o sexo e a sexualidade são discursivamente construídos ao longo do tempo e das culturas para desenvolver outra visão (ainda que Foucault tenha sido acusado de conceder pouco espaço à cultura). A "mulher" não era mais uma categoria cuja estabilidade pudesse ser suposta como tinha sido muitas vezes nos discursos feministas dos anos 1960 e 1970 (fundamentalmente centrados na libertação da mulher), na medida em que as categorias de gênero, sexo e sexualidade passavam agora pelo escrutínio de teóricas como Butler, Rubin e Eve Sedgwick.

A teoria *queer* surgiu, pois, de uma aliança (às vezes incômoda) de teorias feministas, pós-estruturalistas e psicanalíticas que fecundavam e orientavam a investigação que já vinha se fazendo sobre a categoria do sujeito. A expressão "*queer*" constitui uma apropriação radical de um termo que tinha sido usado anteriormente para ofender e insultar, e seu radicalismo reside, pelo menos em parte, na sua resistência à definição – por assim dizer – fácil. Sedgwick, uma teórica *queer* cujo influente livro *Epistemologia do armário* foi publicado em 1990, no mesmo ano de *Gender Trouble*, caracteriza o *queer* como indistinguível, indefinível, instável. "O *queer* é um momento, um movimento, um motivo contínuo – recorrente, vertiginoso, *troublant* [perturbador]", escreve ela em *Tendências*, sua coletânea de ensaios, salientando que a raiz latina da palavra significa *atravessado*, que vem da raiz indo-latina *torquere*, que significa "torcer", e do inglês *athwart* [de través] (SEDGWICK, 1994, p. xii). O *queer* exemplifica, então, o que o teórico cultural Paul Gilroy, em seu livro *O Atlântico negro* (1993), identifica como uma ênfase teórica em *routes* [rotas] mais do que em *roots* [raízes]; em outras palavras, o *queer* não está preocupado com definição, fixidez ou estabilidade, mas é transitivo, múltiplo e avesso à assimilação.

Enquanto os estudos de gênero, os estudos gays e lésbicos e a teoria feminista podem ter tomado a existência de "o sujeito" (isto é, o sujeito gay, o sujeito lésbico, a "fêmea", o sujeito "feminino") como um pressuposto, a teoria *queer* empreende uma investigação e uma desconstrução dessas categorias, afirmando a indeterminação e a instabilidade de todas as identidades sexuadas e "generificadas". É importante ter em mente que um dos contextos definidores para a teoria *queer* nos anos 1980 e 1990 foi o vírus da Aids e as reações de muitos defensores da "cultura hétero" contra os gays, em resposta ao que era (e ainda é) geralmente visto como uma "praga gay". Diante dessas violentas reações, torna-se ainda mais importante investigar as formulações da "normalidade" sexual para revelar o que, sobretudo aquelas identidades que se apresentam ostensivamente como héteros, legítimas, singulares e estáveis, têm de *queer* por debaixo de sua aparente "normalidade". As teóricas e os teóricos *queer*, por outro lado, afirmam a instabilidade e a indeterminação de *todas* as identidades "generificadas" e sexuadas: enquanto Sedgwick formulava a noção de "pânico homossexual" para descrever a resposta paranoica da cultura hétero à natureza múltipla, cambiante e indeterminada das identidades sexuais, Butler, em suas teorizações da heterossexualidade, recorria a Freud, vendo-a como uma estrutura de identidade "melancólica", na medida em que está baseada numa "perda" ou rejeição primária – socialmente imposta – do desejo homossexual. A heterossexualidade melancólica é uma das contribuições mais importantes de Butler para a teoria *queer* e exemplifica o *ethos* do próprio *queer* como um "movimento" (tal como caracterizado por Sedgwick) que causa perturbação/confusão de gênero [*gender trouble*]. De fato, é em *Gender Trouble* que iremos encontrar as formulações de Butler sobre a identidade sexual e a identidade de gênero melancólicas.

Performatividade

A performatividade será discutida em detalhe no capítulo 3 deste livro, mas neste momento pode ser útil dar apenas uma pequena amostra desta ideia-chave de Butler. Já vimos que ela está menos interessada no "indivíduo" e na "experiência individual" (se é que existe tal coisa) do que em analisar o processo pelo qual o indivíduo vem a assumir sua posição como um sujeito. Em vez de supor que as identidades são autoevidentes e fixas como fazem os essencialistas, o trabalho de Butler descreve os processos pelos quais a identidade é construída no interior da linguagem e do discurso: as teorias construtivistas não tentam reduzir tudo a construções linguísticas, mas estão interessadas em descrever as condições de emergência – neste caso – do sujeito. Butler, seguindo Foucault, caracteriza esse modo de análise como "genealógico". De forma muito breve, a genealogia é um modo de investigação histórica que não tem como meta "a verdade" ou o conhecimento. Como diz Butler, "a genealogia não é a história dos eventos, mas a investigação das condições de emergência (*Entstehung*) daquilo que é considerado como história: um momento de emergência não passa, em última análise, de uma fabricação" (RBP, p. 15).

Uma investigação genealógica da constituição do sujeito supõe que sexo e gênero são *efeitos* – e não causas – de instituições, discursos e práticas; em outras palavras, nós, como sujeitos, não criamos ou causamos as instituições, os discursos e as práticas, mas eles nos criam ou causam, ao determinar nosso sexo, nossa sexualidade, nosso gênero. As análises genealógicas de Butler vão se concentrar no modo como o efeito-sujeito, como ela o chama, se dá, e ela sugere, além disso, que há outros modos pelos quais o sujeito poderia se "efetuar". Se o sujeito não está exatamente "lá" desde o começo (isto é, desde o momento que nasce), mas é *instituído* em contextos específicos e em momentos específicos (de tal modo que o nascimento em si se constitui numa cena de subjetivação), então o sujeito pode ser instituído diferentemente, sob formas que não se limitem a reforçar as estruturas de poder existentes.

Como veremos nos capítulos que seguem, a crítica genealógica de Butler relativamente à categoria do sujeito se ajusta à sua noção de que as identidades "generificadas" e sexuadas são performativas. Nesse aspecto, Butler amplia o famoso *insight* de Beauvoir de que "ninguém nasce mulher: torna-se uma mulher" (1980, v. 2, p. 9), para sugerir que "mulher" é algo que "fazemos" mais do que algo que "somos". É importante frisar que Butler *não* está sugerindo que a identidade de gênero é uma *performance*, pois pressuporia a existência de um sujeito ou um ator que está *fazendo* tal *performance*. Butler rejeita essa noção ao afirmar que a *performance* preexiste ao *performer*, e esse argumento contraintuitivo, aparentemente impossível, levou muitas leitoras e leitores a confundir performatividade com *performance*. Ela própria admite que, quando formulou inicialmente essa ideia, não fez uma distinção suficientemente clara entre a performatividade – um conceito que, como veremos, tem bases linguísticas e filosóficas específicas – e a representação teatral propriamente dita. É importante ter em mente que, tal como muitas das formulações de Butler e como as categorias de identidade que ela está descrevendo, performatividade é um conceito cambiante que se desenvolve gradualmente ao longo dos vários livros. Isso torna difícil defini-lo com alguma precisão, mas novamente significa que a forma e o método da escrita de Butler colocam em ação a teoria que descrevem.

A morte do sujeito?

Essas ideias serão tratadas mais a fundo nos capítulos que seguem, nos quais serão discutidas no contexto de outras teorias igualmente importantes (e muitas vezes igualmente complexas). Para muitas pessoas o nome "Judith Butler" ainda significa gênero performativo (ou "gênero como *performance*", quando resolvem simplificar) ou paródia ou *drag*, embora isso não faça justiça, de modo algum, à variedade e à amplitude das suas teorias. Na verdade, as ideias de Butler tiveram um impacto significativo sobre teóricas feministas, teóricos e teóricas gays, lésbicas e *queer*, e sua obra tem influenciado um extenso conjunto de campos (veja o capítulo "Depois de Butler" para uma discussão mais abrangente sobre sua influência).

Ainda assim, alguns críticos de Butler têm se mostrado impacientes com o que veem como sua atenção exagerada à linguagem e a consequente pouca atenção concedida ao material e ao político, acusando-a de quietismo (isto é, de uma atitude de passividade), de niilismo e de "eliminar" o sujeito; uma filósofa atual chegou a afirmar que Butler "é conivente com o mal", uma acusação extrema que demonstra, no mínimo, as violentas reações que as teorias de Butler são capazes de provocar. Por outro lado, muitas leitoras e leitores têm encontrado um enorme potencial para a subversão política em teorias, como a dela, que afirmam consistentemente a importância de desestabilizar e desconstruir os termos pelos quais os sujeitos e as identidades são constituídos. A ideia de que o sujeito não é uma entidade preexistente, essencial, e que nossas identidades são construídas significa que as identidades podem ser *re*construídas sob formas que desafiem e subvertam as estruturas de poder existentes. Esses são problemas e questões para os quais Butler retorna repetidamente: O que é o poder? O que é a subversão? Como é possível fazer a distinção entre os dois?

A política do estilo

Butler tem manifestado surpresa em relação aos debates críticos gerados pelo que ela chama de "a popularização de

Gender Trouble", os quais, embora "interessantes [...] acabaram por se constituir numa terrível distorção do que eu queria dizer!" (GP, p. 33). Não é nada surpreendente que Butler tenha sido, como ela própria admite, mal interpretada e mal compreendida, já que os conceitos com os quais ela lida são filosoficamente desafiadores, muitas vezes aparentemente "contraintuitivos" e nem sempre descritos numa linguagem imediatamente acessível. Em 1999, a revista acadêmica *Philosophy and Literature* concedeu a Butler o primeiro lugar na sua seleção anual dos "piores escritores", definidos como os responsáveis pelas "passagens estilisticamente mais lastimáveis em livros e artigos acadêmicos". Tem-se a impressão de que nos últimos anos o seu estilo de escrita tem recebido tanta atenção crítica quanto as suas ideias. É possível que se queixar do estilo da escrita de Butler seja um substituto para a compreensão de suas ideias e um pretexto fácil para rejeitá-las, mas não estaremos sós se, como muitos leitores, acharmos a sua escrita exasperante; ela pode parecer repetitiva, dubitativa, alusiva e opaca, fazendo com que nos perguntemos, depois de algumas páginas: por que, afinal, ler Butler?

Os textos de Butler são certamente exigentes tanto linguística quanto conceptualmente, mas não deveríamos ficar demasiadamente perturbados ou desencorajados por sua aparente obscuridade e seu caráter alusivo, mesmo se, às vezes, nos sentirmos perdidos ou desorientados. Na verdade, antes de simplesmente rejeitar Butler como uma estilista de escrita tortuosa ou uma pensadora arrogante que não se dá ao trabalho de explicar seus conceitos, é importante reconhecer que o estilo de Butler é, *ele próprio*, parte das intervenções teóricas e filosóficas que ela está tentando fazer (veja o capítulo "Depois de Butler"). Como uma pensadora que está interessada na linguagem e extremamente consciente da importância do discurso linguístico, é bastante improvável que Butler não tenha pensado sobre como fazer coisas com as palavras, e uma vez que ela tem, com frequência, respondido às críticas que lhe têm sido feitas a esse respeito, podemos deduzir que essa é de fato uma questão crucial para ela. No prefácio à edição comemorativa de *Gender Trouble,* em 1999, Butler reconhece que, para alguns leitores, deve ser "estranho e exasperante" ser confrontado com um texto que não se esforça por ser facilmente absorvido, mas que, na verdade, pode fazer precisamente o contrário. Butler refuta, contudo, a visão, que é parte do "senso comum", de que um "bom" estilo de escrita é necessariamente um estilo claro, afirmando que nem o estilo nem a gramática são politicamente neutros. Seria inconsistente para Butler contestar as normas de gênero, que ela afirma ser construídas e mediadas linguisticamente, sem contestar também a própria linguagem e a gramática nas quais essas normas são instituídas. Além disso, veremos que um elemento constante de seu projeto é causar "perturbação" [*to cause "trouble"*], chamando atenção para as instabilidades e as incoerências do sexo e do gênero e para o potencial político dessas instabilidades. De novo, a linguagem que Butler utiliza é parte dessa estratégia política, e é evidente que seu estilo de escrita é estrategicamente e *deliberadamente* desafiador, e não um sintoma de uma mente confusa.

Em *Subjects of Desire,* Butler descreve o estilo de escrita de Hegel, outro filósofo notoriamente "difícil", e é curioso ler os seus comentários sobre a *Fenomenologia do espírito* à luz das suas próprias ideias sobre linguagem e estilo de escrita:

> As sentenças de Hegel *colocam em ação* os significados que transmitem; na verdade, elas mostram que aquilo que "é" somente o é na medida em que é *colocado em ação.* As sentenças hegelianas são lidas com dificuldade porque seu significado não é imediatamente dado ou conhecido; elas exigem ser relidas, elas exigem ser lidas com diferentes entonações e ênfases gramaticais. Da mesma maneira que um verso de poesia nos faz parar

e nos obriga a considerar que o *modo* como ele é dito é essencial para *o que* é dito, as sentenças de Hegel retoricamente chamam a atenção para si mesmas. As palavras isoladas e estáticas na página apenas momentaneamente nos conduzem à ilusão de pensar que significados distintos e estáticos serão revelados pela nossa leitura. Se não renunciarmos à expectativa de que significados unívocos linearmente arranjados vão surgir das palavras à nossa frente, iremos achar Hegel confuso e insuportável e desnecessariamente denso. Mas, se questionarmos as suposições relativamente à compreensão que a escrita exige de nós, iremos experimentar o incessante movimento da frase que constitui o seu significado (SD, p. 18-19).

"Confusa e insuportável e desnecessariamente densa" é exatamente como os leitores e leitoras frustrados poderiam descrever a escrita de Butler, mas ela sugere nessa passagem que essa aparente obscuridade e dificuldade faz parte daquilo que ela quer dizer (na verdade, é inseparável daquilo que ela quer dizer). Ao ler o texto de Hegel (e o de Butler) cuidadosa e meticulosamente, a leitora irá efetivamente *experimentar* aquilo que os filósofos estão descrevendo, muito apropriadamente, como "a compreensão" no caso que Butler cita: a escrita coloca em ação aquilo que descreve, uma ideia que é similar às formulações de Butler sobre a performatividade linguística e a leitura poética. Além disso, tal como o próprio *"queer"*, ou seja, a tendência ou o movimento com o qual os escritos de Butler são muito frequentemente identificados, as frases de Butler são "perturbadoras" em virtude de sua tendência a estar abertas à interpretação, de sua recusa a se prenderem a um único sentido e de sua criativa vulnerabilidade à "má interpretação" e ao erro. É nesse sentido que a sua escrita coloca em ação a desconstrução que nomeia. Nos capítulos seguintes iremos examinar mais detidamente os modos através dos quais funciona essa "teoria-em-estilo".

Contra a definição

Se o estilo de escrita de Butler não é simplesmente um veículo para a política, mas efetivamente *coloca em ação* a política que ele descreve, então evidentemente minha descrição das teorias de Butler não poderá substituir a leitura direta dos livros. Embora eu não pretenda emular o estilo inimitável e exigente da escrita de Butler, este resumo necessariamente limitado de sua obra está escrito num espírito similar de abertura e de ausência de resolução ou de fechamento. Não tento definir as teorias de Butler. E a leitora deveria se aproximar com cautela daquilo que *parecem* definições, pois elas não pretendem ser finais nem carregar a marca da autoridade. Essas cautelas podem parecer desnecessárias, pois nem mesmo Butler reivindicaria ter a palavra final sobre Butler, mas penso que é importante chamar a atenção para o elemento de apropriação, talvez mesmo de certa "violência", inerente a qualquer interpretação de qualquer pensador ou pensadora, particularmente aquele ou aquela que transmite suas ideias de um modo que se constitui em si mesmo um desafio político.

Os capítulos que seguem examinarão a obra de Butler em ordem cronológica, concentrando-se naquilo que poderia ser identificado como as cinco principais áreas de seu pensamento: *o sujeito; o gênero; o sexo; a linguagem;* e *a psique.* Poderia ser metódico e conveniente adotar certa "progressão" que levasse de um assunto ao outro, mas já vimos que sua obra rejeita esse tipo de padrão linear e veremos, a seguir, que cada um desses tópicos é tratado em maior ou menor grau em cada um de seus textos. Já caracterizei a escrita de Butler como uma escrita que se envolve numa relação dialética consigo mesma, e isso significa que assuntos que são apresentados e debatidos num texto são retomados, reanalisados e revisados no seguinte. Na verdade, Butler não é uma autora que tenha medo de se repetir e, perfeitamente consciente do potencial subversivo da repetição, às vezes ela cita e volta a citar ironicamente seus próprios argumentos inter e intratextualmente. De novo, isso tem o efeito de evitar o fechamento e manter um grau de abertura interpretativa que se pode caracterizar como democrática, ainda que, à medida que lermos os capítulos que seguem e os próprios textos de Butler, possamos nos perguntar sobre a eficácia política daquilo que parece ser eminentemente uma estratégia *textual*. Se experimentarmos, de fato, dificuldades ou dúvidas, talvez seja útil ter em mente a atitude que Butler sugere para uma leitura "bem-sucedida" de Hegel: como leitoras e leitores deveríamos abandonar nossa busca de significados lineares, "unívocos" (isto é, singulares) questionando nossas próprias suposições, a fim de "experimentar o incessante movimento da frase que constitui o seu significado" (SD, p. 19).

IDEIAS-CHAVE

1. O SUJEITO

Contexto

É com *Subjects of Desire* (*SD*), seu primeiro livro, que Butler inaugura sua análise sobre "o sujeito". O livro tem origem na sua dissertação apresentada à Universidade de Yale em 1984. Após ter passado por uma revisão em 1985-1956, ele foi finalmente publicado em 1987, tendo uma segunda edição em 1999. No prefácio a essa última edição, Butler afirma que *SD* é um trabalho juvenil, publicado prematuramente, e pede que os leitores tenham uma "grande dose de paciência" para com um texto que, diz ela, exigiria agora reescrita e revisão profundas (SDII, p. viii). Na verdade, o tema de *SD* pode parecer estranho a leitores para os quais o nome de Judith Butler está associado a teorias sobre a identidade *queer* e a discussões sobre o gênero e o corpo, questões que não parecem estar muito em evidência nesse estudo sobre Hegel e a filosofia francesa do século XX. Não obstante as tentativas da própria autora de minimizar o seu alcance, trata-se de um texto filosófico importante, que, ademais, apresenta uma série de ideias que Butler desenvolverá em trabalhos posteriores mais conhecidos.

Originalmente *SD* trata da recepção da *Fenomenologia do espírito*, de Hegel, pelos filósofos franceses dos anos

1930-1940. No prefácio à edição de 1999, Butler explica que, como bolsista da Fundação Fulbright na Universidade de Heidelberg, na Alemanha, ela se dedicou principalmente à filosofia da Europa continental, estudando pensadores importantes, tais como Karl Marx e Hegel, além de Martin Heidegger, Søren Kierkegaard, Maurice Merleau-Ponty e os teóricos críticos da Escola de Frankfurt. Nos anos 1970 e 1980, Butler tinha tido um contato muito superficial com as teorias pós-estruturalistas de Derrida e De Man, e ela conta que foi mais tarde, num seminário da Faculdade de Estudos da Mulher da Universidade de Yale, que "descobriu" Foucault, cujos escritos iriam influenciá-la bastante. Após deixar Yale para realizar estudos de pós-doutoramento na Wesleyan University, nos Estados Unidos, Butler tornou-se receptiva à teoria francesa à qual tinha antes resistido, e, quando revisou sua tese, acrescentou algumas seções sobre a nova geração de autores franceses – Lacan, Foucault e Gilles Deleuze – que não faziam parte do estudo original.

No prefácio à edição de 1999 de *SD*, Butler admite a continuidade entre seu trabalho inicial e o trabalho posterior, afirmando que o seu interesse pelas formulações hegelianas sobre o sujeito, o desejo e o reconhecimento atravessa toda a sua escrita: "Num certo sentido, todo meu trabalho continua girando em torno de um determinado conjunto de questões hegelianas: Qual é a relação entre o desejo e o reconhecimento, e como se explica o fato de que a constituição do sujeito envolva uma relação radical e constitutiva com a alteridade?" (SDII, p. xiv). Butler "retorna" a Hegel em *The Psychic Life of Power*, tendo publicado artigos sobre Hegel, o feminismo e a fenomenologia (veja "Leituras complementares"). O mais importante talvez é que a pergunta central feita em *SD* é se a subjetividade depende necessariamente da negação do "Outro" pelo "Eu", uma ideia à qual Butler retornará repetidas vezes.

Principais correntes do Pensamento Crítico

Fenomenologia

É o estudo da consciência ou do modo como as coisas aparecem para nós. O termo tem sido usado desde o século XVIII e está associado, no século XIX, com a filosofia de Immanuel Kant e G. W. Hegel, e, no século XX, com a filosofia de Edmund Husserl, Martin Heidegger, Jean-Paul Sartre e Maurice Merleau-Ponty.

Há muitas vertentes diferentes na fenomenologia, por isso não é fácil resumi-la em uma ou duas frases, mas para Husserl o mundo tal como ele é vivido pela consciência é o ponto de partida para a fenomenologia. Em termos amplos, a fenomenologia diz respeito ao modo como a mente percebe o que é externo a ela, isto é, a sua percepção da essência das coisas.

Escola de Frankfurt

Compreende filósofos, críticos culturais e cientistas sociais associados com o Instituto de Pesquisa Social, fundado em Frankfurt, em 1929. Entre seus pensadores-chave estão Max Horkheimer, Theodor Adorno, Herbert Marcuse, Erich Fromm, Walter Benjamin e Jürgen Habermas. A Escola de Frankfurt é geralmente dividida em três fases e duas gerações, passando pelo materialismo histórico, a teoria crítica e "a crítica da razão instrumental". Habermas, que pertence à segunda geração, privilegia a discussão dos fundamentos normativos e a pesquisa interdisciplinar.

Estruturalismo

Trata-se de um movimento teórico que se desenvolveu principalmente na França, com origem na obra do linguista Ferdinand de Saussure. Entre seus pensadores-chave estão o antropólogo Claude Lévi-Strauss e o crítico cultural e literário Roland Barthes. O estruturalismo, como sugere o nome, concentra-se na análise das estruturas e dos sistemas, e não no conteúdo.

Pós-estruturalismo

Trata-se de um termo muito questionado e que é, algumas vezes, utilizado como se fosse a mesma coisa que *desconstrução*. Entre os pensadores-chave associados com o pós-estruturalismo estão Jacques Derrida, Paul de Man e Michel Foucault. A crítica desconstrutivista tenta solapar as bases da metafísica ocidental, ao questionar e dissolver as *oposições binárias*, colocando em evidência o seu caráter idealista e mostrando o quanto elas dependem de um *centro* ou de uma *presença essencial*. Uma leitura desconstrutivista de um texto não chega nunca a um significado final ou completo, pois o significado nunca está presente em si: ele é, em vez disso, um processo que ocorre continuamente. O autor não é mais considerado a fonte do significado de um texto, o que ensejou que Roland Barthes anunciasse "a morte do autor" em um ensaio que tem exatamente esse título.

O herói infeliz de Hegel

O título alemão de *Fenomenologia do espírito* é *Phänomenologie des Geistes* ("*Geist*" pode ser traduzido aproximadamente por "espírito" ou "mente"). Nessa obra Hegel registra o progresso de um Espírito cada vez mais autoconsciente em direção ao saber absoluto. O "*Geist*" de Hegel se parece com o protagonista das narrativas de ficção, nas quais o herói (em geral trata-se de um homem) progride gradualmente da ignorância ao esclarecimento e ao autoconhecimento, e, embora o Espírito não seja exatamente o mesmo que o "sujeito" de Butler, ele está suficientemente próximo, de maneira que neste capítulo, os dois termos serão usados como mais ou menos equivalentes. O filósofo contemporâneo Jonathan Rée compara a narrativa que Hegel faz da "jornada" metafísica do

Espírito a textos tais como a *Odisseia*, de Homero, a *Divina Comédia*, de Dante, e *O progresso do peregrino*, de Bunyan, em cada um dos quais as experiências do herói em suas viagens conduzem-no a um estado de sabedoria ou de iluminação cristã cada vez maior até que ele acaba por atingi-las. Rée diz que a *Fenomenologia* de Hegel é uma história, "a história do Espírito ou do Homem Comum – 'o indivíduo universal' – que percorre a longa estrada que leva do domínio bruto da consciência 'natural' ao saber absoluto, "abrindo"", no caminho, a sua passagem através de cada um dos sistemas filosóficos possíveis" (1987, p. 76-77).

Embora a *Fenomenologia* seja a história do progresso do Espírito em direção ao saber absoluto, o Espírito de Hegel, ao contrário das narrativas que mencionei, não chega efetivamente a lugar nenhum, pois a sua "jornada" é uma jornada metafísica, que representa também o progresso da história do mundo. A "fenomenologia" pode ser descrita de forma muito geral como o estudo do modo como as coisas se nos apresentam e da natureza da percepção. Assim, a *Fenomenologia* de Hegel é um estudo das sucessivas formas da consciência. O "Saber Absoluto" é o conhecimento do mundo tal como ele realmente é, e no final da *Fenomenologia* descobrimos que esta realidade última está em nossas próprias mentes. Em outras palavras, tudo no mundo material é um construto da consciência, razão pela qual é tão importante compreender como a consciência funciona ou como é que chegamos ao conhecimento. O conhecimento absoluto só é alcançado quando a mente compreende o fato de que a realidade não é independente dela, e que aquilo que ela está se esforçando por conhecer é, na verdade, *a si mesma*.

A *Fenomenologia* também é frequentemente comparada a um *Bildungsroman*. Literalmente, *Bildungsroman* quer dizer "romance de formação" ou "romance de educação", isto é, trata-se de um romance que documenta a formação ou a educação de seu protagonista. Exemplos desse gênero poderiam incluir *Evelina ou a entrada de uma jovem no mundo* de Frances Burney, *Wilhelm Meister*, de J. W. Goethe, *As grandes esperanças*, de Charles Dickens, e *Um retrato do artista quando jovem*, de James Joyce; tem-se a impressão de que o *Bildungsroman* é em geral escrito por homens e sobre homens. Esses romances traçam a jornada metafórica ou literal do herói ou heroína da inexperiência e da ignorância até a experiência, passando pelo estágio no qual o Espírito, tal como Christian de Bunyan ou Evelina de Burney, comete uma série de erros durante o percurso de sua jornada educacional, reconhecendo cada erro à medida que progride e assimilando a lição proporcionada pelo erro antes de seguir para o próximo estágio.

Essa progressão que vai do erro ao esclarecimento e ao crescente autoconhecimento é um movimento que pode ser caracterizado como *dialético*, um termo-chave no léxico hegeliano (veja o capítulo introdutório "Por que Butler?"). A dialética não é um método filosófico (embora algumas vezes seja vista como tal), mas um movimento que vai de uma posição aparentemente segura (a tese) para seu oposto (a antítese), até chegar a uma reconciliação das duas (a síntese). A dialética, para Hegel, tal como diz Butler num artigo sobre o poeta americano Wallace Stevens, é definida como "a unidade de opostos aparentes – mais precisamente, [...] a relação lógica e ontológica de implicação mútua que persiste entre termos aparentemente opostos" (NTI, p. 269). Em outras palavras, fazer qualquer afirmação (por exemplo, "Deus existe"; "A Austrália é um país imenso") é pressupor que tal afirmação ou tese poderia ser negada por sua antítese, de modo que, tal como diz Hegel, há uma relação de "implicação mútua" entre termos que parecem ser opostos.

No contexto da *Fenomenologia* ou de um *Bildungsroman*, um movimento dialético seria a progressão que vai da crença, passando pelo erro, pelo reconhecimento e pela fase de aquisição de experiência, chegando finalmente ao saber absoluto. Contudo, nem todas as sínteses são tão finais como essa, e é provável que a síntese vá formar o próximo elo na cadeia dialética: a síntese é o ponto de partida para a próxima tese e para a antítese e a síntese dela resultantes. O Espírito progride pela admissão dos erros cometidos, de modo que sua jornada através da vida se parece com o jogo conhecido como *snakes and ladders*[3] [escadas e serpentes] no qual ele repetidamente se move para cima ou para diante, apenas para resvalar e cair novamente quando comete um erro, antes de passar para o próximo estágio. (Jonathan Rée também compara a *Fenomenologia* a "um tipo de mapa ou de jogo" (1987, p. 84)). O sujeito de Hegel é, pois, um sujeito-em-processo, que, como observa Rée, somente pode construir a si mesmo ao se destruir incessantemente (ou ao cair da escada), fugindo horrorizado de seus erros anteriores e se descobrindo em seu desmembramento absoluto (1987, p. 84). O Espírito progride pela negação de tudo que se põe em seu caminho, sem nunca estar seguro de que um final feliz por fim o aguarda, e é apenas após ter passado pelos sucessivos estágios que Hegel descreve – a certeza sensível, a percepção, a força e o entendimento, a certeza-de-si-mesmo, o estoicismo, o ceticismo, a consciência infeliz, a razão, a lógica, a psicologia, a razão e assim por diante – que ele finalmente alcança seu destino último: o saber absoluto.

Destino: desejo

Butler descreve o Espírito viajante de Hegel (que ela afirma ser sempre um "ele" (SD, p. 20)) como uma figura cômica, como um personagem de *cartoon* que nunca é desencorajado pelos reveses e obstáculos que encontra em seu caminho. "Aquilo que dá a impressão de cegueira trágica acaba por se parecer mais com a miopia cômica de Mr. Magoo cujo carro, após enveredar pelo galinheiro do vizinho, termina por realizar uma aterrisagem perfeita", escreve ela. "Tal como esses personagens miraculosamente resistentes das tiras de *cartoons* dominicais, os protagonistas de Hegel sempre se recompõem, preparam uma nova cena, entram no palco munidos com um novo conjunto de *insights* ontológicos – e fracassam novamente" (SD, p. 21). O *Geist* de Hegel é, pois, um sujeito esperançoso, "uma ficção de capacidade infinita, um viajante romântico que aprende somente a partir da experiência" (SD, p. 22). Mas ele é, ao mesmo tempo, uma figura iludida e impossível que, tal como Dom Quixote, luta, em sua busca da realidade, contra moinhos de vento ontológicos (SD, p. 23).

O que motiva o Espírito em suas viagens, o que o impede de simplesmente desistir diante dos estágios sucessivos de sua jornada quando descobre seus próprios erros, é o *desejo* – o desejo de superar os obstáculos postos em seu caminho, porém, mais crucialmente, o desejo de conhecer a si mesmo. Parafraseando Hegel, Butler descreve o desejo como um esforço incessante para superar diferenças externas, as quais acabam, afinal, por se mostrarem características imanentes do próprio sujeito (SD, p. 6). O desejo, em outras palavras, está intimamente ligado ao processo de se chegar à consciência e à crescente capacidade do sujeito para o autoconhecimento: é "um modo de ser dubitativo, um questionamento corporal da identidade e do lugar" (SD, p. 9), não denotando simplesmente o desejo sexual ou "o tipo de carência localizada que comumente carrega esse nome" (SD, p. 99), mas, referindo-se especificamente, nesse contexto, ao desejo de reconhecimento e de autoconsciência. Butler chama a atenção para o fato de que a palavra alemã para desejo, *Begierde*, expressa o desejo animal bem como o desejo filosófico que, segundo ela,

Hegel descreve na *Fenomenologia*, na qual o sujeito acaba por conhecer a si mesmo através do reconhecimento e da superação da diferença (SD, p. 33).

Na introdução a *SD*, Butler sintetiza a importância do desejo para sucessivas gerações de filósofos, indagando se o desejo é racional e moral e se pode ser integrado em um projeto filosófico (SD, p. 3), ou se, ao contrário, ele é filosoficamente arriscado, "um princípio de irracionalidade" (SD, p. 3). Uma vida filosófica se torna possível apenas se o desejo é moral, e o que vem a seguir, no estudo de Butler, é uma análise da forma como duas gerações de filósofos franceses adotaram, adaptaram ou contestaram as formulações específicas de Hegel sobre o desejo e a subjetividade. Ao continuar a leitura, devemos lembrar que, neste contexto, o desejo é definido como o impulso de conhecer, e que, como vimos, esse é sempre um desejo de autoconsciência.

Hegel: alguns termos-chave

Geist

Geist, o "espírito" ou "mente" de Hegel, é tão difícil de traduzir quanto de definir como uma categoria filosófica. Michael Inwood, em seu *Dicionário de Hegel*, apresenta nove definições inter-relacionadas para *Geist*, entre as quais estão: a mente humana e seus produtos; "o Espírito subjetivo"; o intelecto; o Espírito Absoluto (isto é, o infinito, a autoconsciência de Deus); *Weltgeist* (Espírito do mundo); *Volksgeist* (Espírito do povo) e *Geist der Zeit* (o Espírito da época).

Aufhebung

Numa tradução literal, significa "suprassunção"; mas novamente qualquer definição dessa palavra será inevitavelmente redutiva e simplista, já que o verbo alemão *aufheben* encerra três significados distintos: 1) elevar, sustentar, erguer;

2) anular, abolir, destruir, suprimir; e 3) manter, guardar, preservar. Os dois últimos significados podem parecer contraditórios, mas são os dois aos quais Hegel se refere explicitamente. No entanto, como aponta Inwood, a primeira definição continua sendo um dos aspectos de *Aufhebung*, uma vez que o produto da suprassunção é maior do que a soma de suas partes. *Aufhebung* se refere, portanto, à unificação ou síntese de opostos, adquirindo uma forma em que eles são ao mesmo tempo suprimidos e preservados. Poderíamos pensar no que acontece a um tijolo individual quando, junto com outros tijolos, cimento, madeira, vidro, etc., é usado para construir uma biblioteca, por exemplo. O tijolo é ainda um tijolo discernível, mas ele agora é também uma parte necessária de uma estrutura maior (a biblioteca), de modo que sua "identidade" como um tijolo individual foi suprimida e transcendida (pois ele é agora parte de uma construção, e não um tijolo individual) e ao mesmo tempo preservada (uma vez que ainda podemos perceber que ele é um tijolo).

Dialética

É um modo de raciocínio no qual a tese leva à antítese e é resolvida na síntese. Butler faz esta citação da *Lógica* de Hegel: "Onde quer que haja movimento, onde quer que haja vida, onde quer que algo seja realizado no mundo real, ali está em ação a Dialética" (NTI, p. 282)

Saber absoluto

Constitui-se no conhecimento do que "verdadeiramente é"; a compreensão da mente de que aquilo que ela busca conhecer é, de fato, a si mesma.

Ontologia

É a ciência ou estudo do ser.

O Eu e o Outro

Hegel diz que é apenas através do reconhecimento e do conhecimento de um outro que o "Eu" pode conhecer a si mesmo, de modo que o desejo é sempre o desejo por algo que é "Outro", o que acaba por ser um desejo pelo *próprio* sujeito (SD, p. 34). Há na *Fenomenologia* dois modos de desejar: o desejo pelo Outro, que leva à perda do Eu, e o desejo por si mesmo (ou, em outras palavras, a autoconsciência) que leva à perda do mundo (SD, p. 34). Dito de outro modo, o sujeito só pode conhecer a si mesmo *através de um outro*, mas no processo de reconhecer a si mesmo e constituir sua própria autoconsciência, ele deve superar ou aniquilar o Outro, caso contrário ele coloca em risco sua própria existência (SD, p. 37). O desejo é, em outras palavras, equivalente à *consumação* do Outro.

Seria possível pensar que a autoconsciência é sempre um processo destrutivo e negativo, e não é a primeira vez que Butler descreve o Espírito como metaforicamente (e metafisicamente) *faminto:* na introdução de *SD*, ela evoca um "sujeito hegeliano autossuficiente e até mesmo metafisicamente seguro, aquele onívoro aventureiro do Espírito que, depois de uma série de surpresas, acaba por *ser* tudo o que encontra ao longo de seu caminho dialético" (SD, p. 6). De novo, é importante lembrar que não é uma fome ou um desejo *animal* que o motiva, uma vez que aqui a consumação é um meio de encontrar o Outro e de absorvê-lo ao Eu. Esse processo é descrito pelo termo hegeliano *Aufhebung* que se traduz aproximadamente como *supressão* ou *suprassunção* e significa três coisas ao mesmo tempo – elevar, suprimir e preservar – ainda que esses sentidos alternativos possam parecer irreconciliáveis. Butler define *Aufhebung* como uma "sequência progressiva" do desejo, como "um desejo insaciável, um desejo por reconhecimento, um desejo pelo desejo de um outro" (SD, p. 43). É somente através da supressão ou da suprassunção de um outro que o Espírito pode reconhecer a si mesmo, numa relação de subjugação e superação, que é destacada por Hegel em "Dominação e servidão", seção da *Fenomenologia* na qual ele formula a dialética – de grande influência filosófica – do senhor e do escravo.

Dominação e servidão

Nessa importante seção da *Fenomenologia,* Hegel argumenta que a autoconsciência somente pode conhecer a si mesma através de um outro, mas esse processo de autorreconhecimento num outro não é simples, pois o Outro que o Eu tem de superar é de fato uma parte de si mesmo (1992, p. 126). Nesse estágio de seu desenvolvimento, a autoconsciência está cindida, perdida, alienada num tipo de narcisismo negativo que é caracterizado por (auto)violência e ódio. O que é crucial compreender aqui é que esse não é um confronto literal, mas um confronto que ocorre entre duas partes mutuamente opostas de uma consciência que é cindida. Hegel caracteriza essas duas "metades" da consciência como "desiguais e opostas: [...] uma, a consciência independente para a qual o ser-para-si é a essência; outra, a consciência dependente para a qual a essência é a vida, ou o ser para um Outro. Uma é o senhor, outra é o escravo" (1992, p. 130). Paradoxalmente Hegel afirma que o senhor é uma consciência autocontida, que requer outra consciência para sustentar sua própria independência, isto é, o senhor precisa do escravo para confirmar seu próprio sentido do Eu. O escravo, por outro lado, se estafa, atingindo através de seu trabalho "o puro ser-para-si" (1992, p. 132). Longe de ser alienado pelo seu trabalho, o trabalhador reconhece a independência de sua própria consciência através da criação de um objeto, enquanto, a fim de conhecer a si mesmo, o senhor precisa destruir tanto o escravo quanto a coisa sobre a qual ele trabalha e, mais uma vez, o desejo é, aqui, a força motivadora (1992, p. 131).

Butler descreve o confronto entre o senhor e o escravo como uma luta de morte, pois "apenas através da morte do Outro a autoconsciência inicial irá recuperar sua pretensão à autonomia" (SD, p. 49). A Outridade que a autoconsciência busca superar é efetivamente a sua *própria* Outridade que ela confronta no escravo, de modo que a autoconsciência precisa repetidamente se destruir para se conhecer. O Eu e o Outro não estão apenas intimamente ligados entre si; na verdade, cada um *é* o outro, e é através de seu mútuo reconhecimento que eles trazem à existência um ao outro. Se, como afirma Butler, o Eu e o Outro são autores um do outro, então o desejo não é uma atividade destrutiva, tal como foi caracterizado anteriormente, mas uma troca ambígua na qual duas autoconsciências afirmam, ao mesmo tempo, a autonomia e a alienação de cada uma delas relativamente à outra (SD, p. 50-51).

Butler descreve essa luta de vida e morte como um encontro erótico no qual sujeitos que confrontam a si mesmos tentam superar seus limites corporais para, mais uma vez, conhecer o Outro e, desse modo, o Eu. Nessa circunstância, o desejo do senhor é o desejo de viver, uma vez que a morte indicaria o fim do desejo, e o escravo também expressa um desejo de viver através de seu trabalho. Entretanto, diferentemente do senhor, ele descobre que pode transformar o mundo externo num reflexo de si mesmo, obtendo, assim, a independência e a liberdade. Enquanto o senhor adquire conhecimento, o escravo, ao mesmo tempo, adquire liberdade, numa reversão gradual dos papéis que os dois sujeitos inicialmente assumiam.

Há, agora, aparentemente, duas correntes de desejo: o desejo de ser reconhecido por uma outra autoconsciência para que o sujeito possa reconhecer a si mesmo; e o desejo de transformar o mundo natural para chegar à autonomia e ao autorreconhecimento. Chegamos ao reconhecimento tanto através de nossos corpos (as formas pelas quais habitamos o mundo) quanto através de nosso trabalho (as formas que criamos *a partir* do mundo); existe, assim, evidentemente, uma conexão importante entre subjetividade, trabalho e comunidade. Na verdade, é somente por estar numa comunidade e ser de uma comunidade que o sujeito pode adquirir a identidade da qual está em busca, uma vez que, como afirma Butler, "as verdadeiras subjetividades vêm a se desenvolver somente em comunidades que proveem reconhecimento recíproco, pois não nos recompomos através do trabalho solitário, mas através do olhar de reconhecimento do Outro que nos confirma" (SD, p. 58).

Esse é um ponto crucial, e ao qual retornaremos quando examinarmos as interpretações e conceptualizações da *Fenomenologia* de Hegel feitas pelos filósofos franceses. O Espírito ou *Geist* é uma entidade *coletiva,* que não pode chegar à existência ou não pode existir separadamente de sua sociedade, e o Espírito deseja outros a fim de estabelecer sua intersubjetividade (SD, p. 58). Trata-se da "reformulação do desejo como articulação entre identidade histórica e lugar histórico", tal como diz Butler. O restante de *SD* traz uma análise extensa das leituras e reconstituições feitas pelos filósofos franceses do século XX sobre o sujeito hegeliano, "esse indivíduo combativo, prestes a atingir a identidade coletiva" que, para conhecer a si mesmo, precisa do reconhecimento do Outro que ele nega (SD, p. 58).

Espíritos fragmentados

Se a *Fenomenologia do espírito* é um *Bildungsroman* que apresenta um herói-sujeito que embarca numa jornada em busca do saber absoluto, *SD* poderia ser descrito como um *Bildungsroman* às avessas, no qual vemos a coerência do sujeito hegeliano aparentemente idêntico-a-si-mesmo sendo sucessivamente desintegrada pelas obras de duas gerações de filósofos franceses do século XX. É certamente assim que ele é visto por Butler, e a sua própria "narrativa" filosófica descreve como o intrépido e autossuficiente aventureiro de Hegel é despedaçado, após sua unidade ter sido dissolvida pelas formulações desses filósofos. A análise de Butler sobre a recepção francesa da obra de Hegel começa com o filósofo Alexandre Kojève, cuja importante *Introdução à Leitura de Hegel* foi publicada em 1941, continuando com a análise das "reflexões hegelianas" de Jean Hyppolite, Jean-Paul Sartre, Lacan, e da nova geração de filósofos, Derrida, Deleuze e Foucault, e concluindo com uma breve seção sobre Julia Kristeva.

Ao situar Kojève, Hyppolite e Sartre no contexto do renovado interesse por Hegel na França dos anos 1930 e 1940, Butler pergunta se o sujeito "metafisicamente acomodado" e idêntico-a-si-mesmo, de Hegel, ainda seria um ideal filosófico viável numa conjuntura histórica caracterizada por deslocamento, ruptura metafísica e isolamento ontológico (lembremo-nos de que uma guerra mundial estava em curso naquele momento) (SD, p. 6). O sujeito hegeliano certamente se revela uma impossibilidade filosófica para a geração seguinte de filósofos (Lacan, Deleuze e Foucault), para os quais o desejo sinaliza a desintegração daquilo que era considerado a entidade ontológica coerente de Hegel. Butler argumenta, contudo, que, ao mesmo tempo que interpretam erradamente as formulações de Hegel a respeito da subjetividade, esses pensadores permanecem no âmbito do modo de análise dialética hegeliana que estão tentando "superar".

É nesse sentido que *SD* é, como descreve Butler, uma "genealogia" das "viagens" metafóricas do sujeito hegeliano na França do século XX, mas Butler enfatiza que o sujeito de Hegel não é exatamente tal como esses filósofos o descrevem: "o sujeito hegeliano não é um sujeito idêntico-a-si-mesmo que viaja satisfeito de um lugar onto-lógico para outro; ele *é* suas viagens, e *é* cada lugar no qual ele se encontra", escreve ela (SD, p. 8). O termo filosófico para uma identidade que é constituída por seja lá o que for que ela venha a entrar em contato é "*a doutrina das relações internas*", e Butler argumenta que, embora a doutrina das relações internas aparentemente invista o sujeito de autono-mia, sua falta de limites fixos significa que, desde o princípio, ele é menos estável do que aparenta ser. O sujeito hegeliano é, assim, um sujeito-em-processo cuja instabilidade e po-rosidade lhe negam um lugar fixo ou final no mundo, um protagonista daquilo que Butler chama de uma "comédia de erros", uma jornada (ou uma peça teatral) que, como vimos, implica o erro repetido, o falso reconhecimento e a reconstituição de si mesmo.

Para além da dialética

Os filósofos franceses que Butler analisa em *SD* tentam, todos, ir além da dialética hegeliana e dela se afastar como mé-todo filosófico. Em *SD*, Butler parece não questionar isso, mas num ensaio publicado alguns anos depois, ela é mais explícita quanto às razões pelas quais filósofos do século XX, particu-larmente os pensadores pós-estruturalistas e pós-modernos que rejeitam o que ela chama de "a postulação romântica de Hegel sobre a unidade dialética dos opostos" desejariam negar Hegel, mas Butler também argumenta que a dialética sem síntese reaparece no pensamento filosófico do século XX (NTI, p. 269). Embora os filósofos do século XX ainda possam suspirar pelo tipo de unidade proposta por Hegel, isso é acompanhado pela consciência de que a noção de "uma unidade dialética de opostos" é agora insustentável, particu-larmente no contexto das formulações pós-estruturalistas da linguagem como um campo aberto de significados possíveis, no qual a ênfase é colocada mais na diferença do que na unidade, mais na abertura interpretativa do que no fechamento.

Resta saber como os filósofos franceses do século XX podem rejeitar ou negar Hegel sem realizar uma manobra filosófica que é *em si mesma* dialética e, portanto, implicitamente hegeliana. Butler insiste várias vezes que esses pensadores e pensadoras utilizam um modo de raciocínio dialético no próprio ato de refutá-lo, argumentando também que Hegel pode ser absolvido da acusação de ser um pensador que totaliza e unifica. A fenomenologia pode, assim, fornecer alguns pontos de partida úteis para a teoria feminista.

Estruturalismo e pós-estruturalismo

O linguista estruturalista Ferdinand de Saussure desenvolveu a teoria da linguagem como um sistema de diferenças sem nenhuma forma positiva. Não há conexão inerente entre o *signo* (por exemplo, a palavra "árvore") e o seu *referente* (por exemplo, os organismos vivos que encontramos crescendo nos parques), mas um signo apenas ganha sentido a partir de sua posição no interior do sistema da linguagem como um todo. Os *significantes* (por exemplo, "árvore") estão diferencialmente ligados a outros significantes, mas outra vez eles não estão *necessariamente* ligados aos seus *significados* (isto é, à coisa à qual eles se referem). A linguagem, em outras palavras, é um *sistema de diferença*. Embora afastando-se de Saussure em muitos aspectos, pensadores pós-estruturalistas tais como Jacques Derrida desenvolvem essa compreensão da linguagem: para Derrida, *différance* significa ao mesmo tempo diferença e diferimento, referindo-se ao modo como a significação é dependente do que está ausente. O significado é continuamente diferido, e é nesse sentido que a linguagem é um sistema aberto de signos, na medida em que o sentido nunca pode estar presente ou ser definitivamente definido.

Kojève, Hyppolite e Sartre

Não é mera coincidência o fato de que os primeiros filósofos franceses do século XX cujo trabalho Butler examina em *SD* tenham se voltado para Hegel durante os anos de 1930 e 1940: sua obra, que antes disso havia suscitado pouco interesse, estava, segundo ela, em sintonia com as exigências políticas e filosóficas da época (SD, p. 61). Butler cita a afirmação do fenomenólogo francês Merleau-Ponty, feita em 1946, de que "todas as grandes ideias filosóficas do século passado [séc. XIX] – as filosofias de Marx e Nietzsche, a fenomenologia, o existencialismo alemão e a psicanálise – tiveram origem em Hegel" (SD, p. 61). Embora questione o "exagero" de se reivindicar uma única fonte para *toda* a filosofia subsequente, ela vê essa afirmação como sintomática do clima intelectual da época.

O segundo capítulo de *SD* ("Desejos históricos: A recepção francesa de Hegel") começa com uma análise do desejo e da força da história no livro de Kojève, *Introdução à leitura de Hegel*, antes de discutir a leitura que Hyppolite faz de Kojève em sua interpretação de Hegel e as reformulações existencialistas do sujeito hegeliano feitas por Sartre. Esses três filósofos são vistos como parcialmente responsáveis pelo que tem sido chamado de "o triunfo do hegelianismo na França durante os anos que sucedem à guerra. Um triunfo reforçado pela voga do existencialismo" (ERIBON, 1990, p. 35). É importante observar as conexões entre esses três pensadores e seus contemporâneos e sucessores filosóficos.

Hyppolite foi contemporâneo de Sartre e de Merleau-Ponty na Escola Normal Superior de Paris; as conferências de Kojève sobre Hegel foram proferidas entre 1933 e 1939, e ali estiveram presentes Lacan e Merleau-Ponty, enquanto Foucault foi, por um breve período, aluno de Hyppolite. Fazer uma exposição das análises de Butler sobre as análises desses filósofos sobre Hegel seria algo bastante complicado, mas o ponto-chave que precisamos ter em mente durante a leitura é que esses pensadores rejeitaram e reavaliaram as formulações de Hegel sobre o sujeito e que o modo como cada pensador reconceptualizou o sujeito hegeliano pode ser visto como sintomático do "momento" filosófico específico em que ele estava escrevendo.

Nas conferências que constituem o livro *Introdução à leitura de Hegel*, Kojève vê a *Fenomenologia* de Hegel como uma descrição dos desejos do homem [*sic*] e a tentativa de satisfazê-los. Kojève vê a dialética do senhor e do escravo como sendo motivada pelo desejo (o desejo de ser), um encontro dialético que irá culminar na emancipação do escravo por meio do trabalho. A leitura da *Fenomenologia* feita por Kojève tem sido vista como uma apropriação antropocêntrica, existencial, "ateísta" que não é "fiel" ao espírito do Espírito de Hegel, pois Kojève não antevê a resolução da dialética no saber absoluto, mas prenuncia, em vez disso, "o fim da história", uma visão que se costuma atribuir aos pensadores "pós-modernistas" com os quais Kojève frequentemente é associado (por exemplo, Foucault, Deleuze e Derrida). Uma vez que Kojève enfatiza a historicidade em vez da eternidade, sua própria leitura pós-histórica de Hegel destaca a temporalidade da *Fenomenologia* ao lê-la segundo perspectivas marxistas-humanistas nas quais a ideia de *Geist* é substituída pela de "homem" (humanismo), e Deus é visto como uma projeção de si mesmo feita pelo homem (uma corrente do pensamento marxista). No fim da história, o homem reconhece que Deus é uma criação, superando, desse modo, sua própria alienação e, ao mesmo tempo, confrontando sua própria finitude. Viver em face da morte sem o amparo de uma força divina, externa, é o que constitui "o fim da história", sendo o único modo de atingir a liberdade existencial.

Como assinala Butler, essa ênfase na temporalidade e na historicidade abre a *Fenomenologia* para leituras conflitantes e para novas interpretações que refletem a contingência histórica da própria leitura (SD, p. ix). A análise que Butler faz da *Introdução à leitura de Hegel* de Kojève se concentra no assim chamado "heroísmo" do sujeito do desejo de Kojève à medida que ele luta para adquirir consciência através de um encontro dialético com o Outro. O sujeito de Kojève conhece a si mesmo através de seu desejo, mas o desejo só pode ser resolvido através da negação do Outro, de maneira que, tal como acontece na *Fenomenologia*, nos encontramos na presença de duas subjetividades mutuamente conflitantes (o senhor e o escravo) que estão tentando se anular mutuamente. Na caracterização de Kojève, trata-se de um encontro histórico, e é por essa razão que o desejo *nunca* pode ser de fato resolvido ou superado, uma vez que a história não tem um fim real. Butler argumenta que isso livra Kojève das restrições teleológicas da *Fenomenologia* de Hegel, já que, na *Introdução*, a dialética é caracterizada como um movimento sem fim, e não como um movimento em direção a um fechamento final ou a um "telos". O "heroísmo" do sujeito de Kojève reside no triunfo de sua individualidade sobre a coletividade, uma forma de individualismo que Butler chama de um "tipo de marxismo democrático", que se daria numa sociedade hegeliana ideal, na qual a mediação dialética entre individualidade e coletividade tivesse sido atingida (SD, p. 78).

A geração seguinte de filósofos reconhece a importância das teorias de Kojève para suas próprias formulações sobre a história, Hegel e o sujeito desejante. A "narrativa heroica do Espírito humano" feita por Kojève (SD, p. 79) é refeita por Hyppolite, cujo sujeito é caracterizado por Butler como uma figura mais trágica do que cômica ou heroica. O livro de Hyppolite, *Gênese e estrutura da* Fenomenologia do espírito *de Hegel*, foi publicado na França em 1946, seguindo a sua tradução da *Fenomenologia* (1936-1942), e Butler identifica a ideia-chave do argumento de Hyppolite como uma interpretação histórica retrospectiva da "narrativa" fenomenológica esboçada por Hegel. Como diz Butler, "é apenas a partir de uma perspectiva que vá além da *Fenomenologia* que as origens históricas do texto se tornam claras", de modo que, tal como na leitura de Kojève, a ênfase está na temporalidade e na historicidade (SD, p. 80). Assim como Kojève, Hyppolite questiona a teleologia da *Fenomenologia*: significativamente, rejeitar o telos do texto também significa rejeitar a ideia de que "o absoluto" e o "ser" sejam fixos e finais. Além disso, o ser é visto como um processo de "devir" que se dá através da diferença, enquanto o absoluto é igualmente aberto e inacabado (SD, p. 84). Hyppolite privilegia, então, o devir em vez do ser, e o desejo é representado como uma troca entre o Eu e o Outro, e não como uma confrontação violenta. O Eu se recupera através de seu encontro com a alteridade ou a diferença. Para Hyppolite, o problema do desejo e da autoconsciência gira em torno da questão de como mantemos nossa identidade em meio à alteridade (SD, p. 89).

Para Sartre, o último filósofo examinado por Butler, chegar à consciência é um processo gradual de *corporificação*. Enquanto os agentes desejantes de Kojève sofrem por sua "abstração" física (isto é, por sua falta de materialidade) (SD, p. 78), o sujeito de Sartre é, na caracterização feita por Butler, "um eu corporificado e historicamente situado" (SD, p. 93). Sartre contorna os problemas da história e da temporalidade encontrados pelos sujeitos desejantes de Kojève e de Hyppolite ao sugerir que é apenas através da imaginação que o desejo pode ser satisfeito (SD, p. 96). Butler diz que, para Sartre, "*o desejo humano é uma maneira incessante de criar mundos imaginários*" (SD, p. 97; ênfase da autora): a escrita é uma atividade não finita, e isso significa que, tal como seus predecessores, Sartre pode rejeitar a noção de uma unidade hegeliana, que adviria da resolução da dialética. Além disso, seu ator existencial faz dessa ausência de unidade e de fechamento o tema de seus textos e a base de sua forma literária (SD, p. 98). Para Sartre, o desejo é um processo de autocriação textual e uma oportunidade para se reconhecer a liberdade. Butler afirma que Sartre explora esse tema em suas próprias reconstruções literárias dos escritores franceses Jean Genet e Gustave Flaubert. Para Sartre, o desejo pela vida tal como é formulado na *Fenomenologia* dá lugar ao desejo de escrever o Eu. As obras de Flaubert e Genet representam a vida do desejo através de seus personagens; elas próprias são produtos do desejo. A questão central relativa ao desejo e ao reconhecimento em *O ser e o nada. Ensaio de ontologia fenomenológica* (1943) de Sartre é assim formulada: é possível conhecer outro ser humano? E em que medida esse ser humano é criado no ato do conhecimento? (SD, p. 156).

Existencialismo

Trata-se de um movimento filosófico que se tornou particularmente proeminente na Europa após a II Guerra Mundial. Entre os pensadores existencialistas incluem-se Jean-Paul Sartre, Albert Camus e Simone de Beauvoir. Algumas vezes, Martin Heidegger e Maurice Merleau-Ponty também são assim considerados. Tal como a fenomenologia, o existencialismo não é um movimento ou uma escola filosófica: os argumentos dos diferentes pensadores e pensadoras existencialistas estão longe de ser coincidentes. Mas em geral eles tendem a se concentrar mais na singularidade dos indivíduos do que em analisar qualidades humanas abstratas. Não se pode definir as pessoas por meio de doutrinas filosóficas ou psicológicas, uma vez que elas são o que escolhem ser. Isso significa que devem aceitar a responsabilidade por suas atitudes e ações, em vez de culpar fatores externos que estão fora do seu controle. Sartre enfatiza que o indivíduo é a fonte de todo valor, afirmando que os indivíduos devem fazer suas próprias escolhas de vida. Ser consciente de tal liberdade é uma das condições da "existência autêntica": pessoas que agem de má-fé tentam escapar da ansiedade, da solidão e do horror através da ilusão de que estão obrigadas a agir de determinadas formas. É nesses momentos de angústia que a condição humana se revela. Em suma, os existencialistas privilegiam a vida moral caracterizada pela sinceridade e pela criatividade.

Différance e proliferação

Concentrando-se em dois ensaios importantes de Foucault e de Derrida, Butler traz à luz o que parece ser o inesperado "legado hegeliano" desses filósofos: o ensaio de Foucault, "Nietzsche, a genealogia e a história" (1971) é caracterizado como uma crítica da filosofia dialética da história e uma reavaliação da relação hegeliana entre o senhor e o escravo, enquanto o ensaio que Derrida apresentou no seminário de Hyppolite, "O poço e a pirâmide: introdução à semiologia de Hegel" (1968), consiste numa crítica da teoria de Hegel sobre o signo.

Examinemos, primeiro, o ensaio citado por último. Vimos que a diferença é crucial para o sujeito hegeliano que deve confrontar e superar a Outridade do Outro para reconhecer a si mesmo. Derrida teoriza, num contexto linguístico, a diferença como *différance*, um neologismo que em francês carrega o duplo sentido de "diferença" e de "diferimento". Desenvolvendo as teorias do linguista suíço Ferdinand de Saussure, cujo *Curso de linguística geral* (1916) serve de base para as teorias estruturalistas e pós-estruturalistas, o conceito de *différance* elaborado por Derrida faz alusão ao modo pelo qual o significado nunca está presente por si mesmo, mas depende sempre do que está ausente. Seria, assim, possível dizer (como faz Derrida) que na linguagem há apenas diferenças sem que haja termos positivos. Butler explica isso em

SD: "Derrida conclui que os limites da significação, isto é, a 'diferença' do signo em relação àquilo que ele significa, se mostra repetidamente onde quer que a linguagem pretenda transpor a brecha ontológica que existe entre si mesma e um referente puro" (SD, p. 178). Não existe nenhum "referente puro", uma palavra que signifique em si mesma e por si mesma, pois as palavras apenas adquirem significado em relação a outras palavras, numa cadeia significante (veja quadro na p. 47).

De acordo com Butler, a afirmação de Derrida de que o signo não consegue chegar à completude constitui um desafio a Hegel porque revela que a "ambição" do sujeito de atingir o ser absoluto é uma impossibilidade. Se o sujeito é construído na linguagem e se a linguagem tal como é teorizada por Derrida é incompleta e aberta, então o *próprio* sujeito será igualmente caracterizado por sua incompletude (SD, p. 179). É verdade que a contingência do signo-em-processo de Derrida se assemelha ao sujeito-em-progresso de Hegel, aquele viajante dialético que existe apenas como a soma total de suas viagens, passadas, presentes e futuras, mas com uma diferença importante: o signo de Derrida nunca atinge um ponto de significado ou significação absoluta, ao passo que sabemos que o sujeito de Hegel está envolvido numa jornada em direção a seu destino último, o saber absoluto.

Se Derrida se volta de Hegel para a semiologia (a teoria da linguagem vista como um sistema de signos) (SD, p. 179), em Foucault o movimento é em direção a outro filósofo, Friedrich Nietzsche, cujo livro *A genealogia da moral* (1887) fornece, em comparação com Hegel, um modelo alternativo de história e de poder. Butler descreve o ensaio de Foucault, "Nietzsche, a genealogia e a história" como "uma reavaliação nietzschiana da cena hegeliana" (SD, p. 180), na qual Foucault se apropria das estratégias dialéticas hegelianas e, ao mesmo tempo, as rejeita. Grande parte da obra de Foucault diz respeito à teorização das formas de poder e à sua ação. Mais especificamente, em "Nietzsche, a genealogia e a história", o poder é vinculado à história e a modos de historicização. Afastando-se da cena única de dominação descrita por Hegel, Foucault caracteriza as estruturas de poder como difusas mais do que concentradas, produtivas mais do que simplesmente coercitivas. Em outras palavras, para Foucault, o poder não emana de uma fonte única ou singular nem atua estritamente de maneira repressiva. Do mesmo modo, Foucault não supõe que a história seja unificada nas suas origens e fins, mas a caracteriza em termos de divisão, de divergência e de luta de forças (2000, p. 263). Nesse conflito sem origem nem fim, a unidade dialética será sempre superada, e o modo de análise histórica de Foucault, ou a "genealogia", busca explicitamente a diferença e a heterogeneidade para destituir aquilo que Foucault chama de "grande querer-saber" (2000, p. 280).

Pode-se dizer que ambos, Derrida e Foucault, romperam com a dialética hegeliana: o primeiro pela afirmação da multiplicidade do signo; o último pela afirmação da multiplicidade e do excesso tanto do poder quanto da história. Para ambos os pensadores, a diferença e a divergência solapam qualquer tentativa de instaurar uma identidade, e a *Aufhebung* de Hegel, a suprassunção da diferença na mesmidade, é vista como uma negação da diferença e uma estratégia de ocultação através da qual se instaura um sujeito fictício e idêntico a si mesmo (SD, p. 182). Isso equivale a uma "ruptura com Hegel"? E poderiam esses dois filósofos ser descritos como "pós-hegelianos"? Butler afirma que usar o prefixo "pós" e afirmar uma ruptura com o passado é, *em si,* um movimento dialético, de maneira que "referências a uma 'ruptura' com Hegel são quase sempre impossíveis, quando menos não seja porque Hegel fez da própria noção de 'ruptura com' o princípio central de sua dialética" (SD, p. 183-184). Uma ruptura não dialética com Hegel exigiria, diz ela, que Foucault e Derrida encontrassem uma forma de se mostrar diferentes de Hegel que não pudesse ser explicada pelo próprio pensamento do filósofo alemão. Na segunda parte do capítulo que estivemos examinando, Butler vai examinar as tentativas seguintes para desmantelar o pensamento dialético através da "morte" do sujeito hegeliano em Lacan, Deleuze e Foucault.

Amor, falta e linguagem

Tal como Derrida, Lacan concebe o sujeito em termos de sua constituição linguística. Assim, uma vez mais, o sujeito ontologicamente completo postulado por Hegel é visto como uma impossibilidade. Na narrativa de Lacan, é apenas enquanto bebê que o sujeito chega perto de experimentar, em alguma medida, a completude, uma vez que nesse estágio ele não está submetido a nenhuma imposição que o obrigue a refrear seus desejos incestuosos. Quando "a lei do pai" impõe o tabu contra o incesto, o bebê é forçado a recalcar seus desejos primários, exigindo a entrada em cena do inconsciente como repositório desses anseios. A interdição paterna coincide com o acesso da criança à linguagem, ou, em outras palavras, com a mudança de uma ordem pré-linguística ou imaginária para a ordem linguística ou simbólica. O tabu do incesto e a aquisição da linguagem inauguram uma existência que, de agora em diante, é caracterizada pela falta, pela perda e pelo desejo de reaver aqueles desejos proibidos. Como diz Butler, o sujeito do desejo é *o produto de uma interdição* (SD, p. 187). Essa ideia vai se revelar crucial para suas teorizações de gênero, sexo e sexualidade em *Gender Trouble*.

Parece óbvio que o sujeito de Lacan, cindido como é pela falta e por desejos impossíveis, é muito diferente da consciência transparente e inconsútil proposta por Hegel. Uma vez admitida a existência do inconsciente, é impossível pensar em termos de um indivíduo coerente e idêntico-a-si-mesmo, já que o sujeito é constituído por desejos que ele, possivelmente, não pode conhecer nem mesmo expressar, mas que determinam sua identidade. Ainda assim, Butler mais uma vez argumenta que Lacan descaracteriza o sujeito de Hegel ao ignorar sua natureza teatral inacabada e ao atribuir autotransparência e completude a um sujeito que, na realidade, é inconstante e *in*completo (SD, p. 196).

Tanto Deleuze quanto Foucault rejeitam a caracterização lacaniana do sujeito como definido pela falta e pela perda e sua descrição da lei (nesse caso, a lei do pai) como estritamente proibitiva. Butler salienta que Deleuze vê o desejo como gerador e produtivo em vez de meramente sujeito à proibição. Na verdade, ele considera a noção de Lacan do desejo-como-falta como um produto ideológico do capitalismo, destinado a racionalizar e a manter a opressão social e sexual e as hierarquias existentes (SD, p. 206). Tal como Foucault, Deleuze se volta para Nietzsche na sua rejeição daquilo que ele considera como a "moralidade de escravo" implícita no hegelianismo, bem como na rejeição da ideia de confronto entre senhor e escravo. Ao descrever o sujeito como um *Übermensch* nietzschiano ou um "super-homem", Deleuze insiste que o sujeito não precisa desse confronto com seu opositor para conhecer a si mesmo, uma vez que o *Übermensch* é autodefinido e não depende de outrem. Assim como Foucault, Deleuze percebe o poder como um jogo de forças múltiplo, em vez de unificado, que não pode ser contido por nenhuma unidade dialética (SD, p. 208-209).

Novamente, Butler argumenta que Deleuze interpreta mal a *Fenomenologia*, ao desconsiderar a "folia báquica" [*sic*] e a "conclusão festiva" com a qual ela termina (SD, p. 209). Além disso, Butler diz que Deleuze, na sua rejeição da dialética hegeliana como antivida, caracteriza o desejo como uma força vigorosa à espera de ser recuperada e libertada, uma visão idealista que ignora o *insight* de Lacan de que *todo* desejo é linguística e culturalmente construído e a noção comparável de Foucault de que não pode haver desejo insurrecional fora dos termos da lei. Então, de acordo com Butler, "tanto Lacan quanto Deleuze permanecem fascinados pela promessa metafísica do desejo como uma experiência imanente do Absoluto" (SD, p. 216).

Assim como Deleuze, Foucault admite que a caracterização do desejo-como-falta é uma construção cultural, mas argumenta que, longe de exigir a intervenção de uma força destemida que venha de fora (da lei) como uma forma de subversão, a lei contém a possibilidade de subversão e de proliferação em *si mesma*; exemplos específicos disso serão considerados no capítulo 2. Essa é a "dialética sem ancoragem", uma estratégica localização da subversão no interior da lei, e não em oposição dialética a ela. Butler argumenta que até mesmo as formulações de Foucault a respeito do poder como disperso e polivalente são dialéticas porque o poder ainda existe em relação a algo, o que torna Foucault, na visão de Butler, "um dialético tênue", cuja dialética não tem sujeito nem teleologia. Embora a obra de Foucault evite uma estrutura binária (SD, p. 225), o *próprio* Foucault constrói uma espécie de binarismo, ao traçar uma distinção entre poder jurídico e poder produtivo, vida e antivida, afirmação e negação. De modo similar, Deleuze faz o mesmo ao contrastar o desejo-como-falta culturalmente construído com um desejo nietzschiano destemido e autodefinido à espera de ser libertado. Apesar de suas tentativas, parece que nenhum desses filósofos contemporâneos consegue evitar a estrutura filosófica da dialética hegeliana. Ainda assim, são as teorizações de Foucault sobre a dialética que parecem se aproximar mais da dialética suplementar assumida por Butler em sua própria escrita.

Em direção à história

Aparentemente, os quatro pensadores que Butler examina no capítulo final de *SD* permanecem todos no âmbito da dialética hegeliana, quando menos não seja em virtude de seus esforços para dela escapar, já que qualquer tentativa nesse sentido se constitui implicitamente num movimento de oposição *dialética*. Além disso, Derrida, Lacan, Deleuze e Foucault parecem precisar do sujeito hegeliano como base para suas conceptualizações da subjetividade; Butler observa que "é surpreendente descobrir como usualmente mesmo os mais obstinados pós-hegelianos parecem continuar fiéis às batalhas fundantes do sujeito desejante de Hegel" (SD, p. 230) e ela propõe, através de Kristeva, algumas observações finais como alternativa futura para o sujeito pós-hegeliano.

Pode parecer estranho que Butler introduza uma discussão das teorias de Kristeva nas poucas páginas finais de *SD*, e a sua breve análise do gênero e do sujeito certamente dá uma impressão de ter sido feita no "último minuto". (Butler condensa as implicações da fenomenologia para a teoria e a prática feminista em dois ensaios, "Ideologia sexual e descrição fenomenológica: uma crítica feminista da *Fenomenologia da percepção* de Merleau-Ponty" (1989) e "Atos performativos e constituição de gênero: um ensaio de Fenomenologia e Teoria Feminista" (1997). Na verdade, esta é praticamente a primeira vez que Butler levanta a questão sobre o gênero do sujeito de Hegel, e aqui ela cita Kristeva como a leitora francesa que está mais preocupada em criticar Hegel a partir de uma perspectiva de gênero. Segundo Butler, o corpo kristeviano é um "conjunto heterogêneo de impulsos e necessidades", uma teorização que automaticamente implode a noção de que o corpo é uma entidade única (SD, p. 232). Ambos, Foucault e Kristeva, sugerem que o discurso hegeliano sobre o desejo deveria dar lugar a um discurso sobre os corpos. Curiosamente, Butler sugere que a crítica do sujeito desejante e a escrita de uma história dos corpos poderia representar uma direção futura para filósofos e filósofas, assinalando aquilo que ela chama de "o encerramento definitivo das narrativas do desejo feitas por Hegel" (embora a afirmação de Butler soe como uma tentativa de resolução dialética) (SD, p. 235).

Criticando Foucault pela ausência de uma análise de "corpos concretos em situações históricas complexas" (SD, p. 237), Butler sugere que o necessário para uma compreensão mais clara e mais específica do desejo é uma história dos corpos que não reduza a cultura à imposição da lei sobre o corpo (SD, p. 238). Apesar disso, seu próprio estudo não conclui com tal história (presumivelmente porque está além do escopo de *SD*), mas com a reintrodução um tanto inesperada da noção do sujeito do desejo como sendo, ao mesmo tempo, construído e teatral: "Parece que, de Hegel a Foucault, o desejo nos torna seres estranhamente fictícios", escreve ela, "E a gargalhada de reconhecimento parece ser a deixa para a revelação" (SD, p. 238). Parece que é apenas através da proliferação paródica que a dialética irá ser desmantelada, uma ideia que constitui a base do próximo e importante compromisso de Butler com o sujeito em *Gender Trouble*.

> ## Sumário
>
> *SD* analisa a recepção da *Fenomenologia do espírito* de G. W. F. Hegel por duas gerações de filósofos franceses. O Espírito de Hegel progride em direção ao saber absoluto através da negação de tudo que intervém em seu caminho, superando obstáculos, para seguir até o estágio seguinte no seu desenvolvimento. Embora o Espírito encontre numerosos reveses, ele é motivado a continuar, movido pelo seu desejo por reconhecimento e autoconsciência. Isso só pode ocorrer através da superação da diferença, a qual por sua vez implica a aniquilação do Outro. As duas gerações de filósofos franceses que leram a *Fenomenologia* tendem a supor que o Espírito de Hegel é coerente e idêntico-a-si-mesmo, ao passo que Butler argumenta que esses filósofos *constroem* uma versão do Espírito de Hegel para se afastar dela e para substituí-la

por suas próprias formulações. Embora esses filósofos estejam tentando romper com Hegel, esse movimento discursivo permanece no interior da estrutura dialética, a qual implica a negação (tese-antítese-síntese).

A leitura marxista da *Fenomenologia* feita por Kojève tenta romper com Hegel, ao prever o fim da história e, na verdade, o fim de Deus, enquanto Hyppolite caracteriza o Absoluto de Hegel como um processo inacabado e aberto. Sartre sugere que o desejo que Hegel descreve só pode ser satisfeito imaginativamente através da arte e afirma que o agente existencial faz da falta de unidade o tema de seus textos e a base de sua forma literária.

O sujeito hegeliano é também questionado pela "onda" seguinte de filósofos: para Lacan ele é dividido; para Derrida ele é deslocado; e Foucault e Deleuze preveem sua morte definitiva. Quase ao final de *SD*, Butler sugere, através de Foucault e Kristeva, que o discurso hegeliano sobre o desejo deve dar lugar a uma descrição histórica e específica do corpo. Em dois artigos subsequentes, Butler argumenta que, embora textos fenomenológicos tais como os de Merleau-Ponty pareçam heteronormativos, é possível recuperá-los para a análise feminista; afirmar que a existência é uma sequência de "atos" pode abalar a ideia de que as identidades são essências preexistentes, uma ideia que Butler desenvolve em *Gender Trouble* e *Bodies That Matter*.

2. O GÊNERO

Da fenomenologia à "feminilidade"

Gender Trouble (*GT*) (1990, reeditado em 1999) é provavelmente, até agora, o trabalho mais conhecido de Butler e amplamente considerado como o seu livro mais importante. As teorizações de Butler sobre a identidade performativa têm sido descritas como um elemento indispensável do feminismo pós-moderno (SHILDRICK, 1996) e como responsáveis por levar a teoria feminista a um novo patamar (MCNAY, 1999, p. 175). Até mesmo pensadoras que discordam de alguns dos argumentos de *GT* são obrigadas a admitir que o livro foi e continua sendo influente e importante em vários campos teóricos.

Como se pode descrever a passagem da fenomenologia para questões de "feminilidade" e "masculinidade"? Pode-se considerá-la como uma ruptura no seu pensamento e uma mudança de direção? E o que acontece quando uma hegeliana brilhante volta a sua atenção para debates atuais sobre sexo, gênero e sexualidade? Seria um equívoco ver *GT* como um afastamento radical da fenomenologia de *SD* e, ainda que fosse igualmente equivocado vê-lo como uma simples continuidade no pensamento de Butler, é importante ter consciência dos nexos que toda a sua obra mantém com a herança fenomenológica e hegeliana. Desejo, reconhecimento e alteridade ainda estão muito presentes no pensamento de Butler em *GT*, assim como está presente o processo de constituição do sujeito, ou seja, os modos pelos quais a identidade e, em particular, a identidade de *gênero*, é construída no e pelo discurso (SDII, p. xiv).

GT não é um livro muito longo (cerca de 150 páginas), mas o leque de referências filosóficas e teóricas é amplo, e às vezes temos a impressão de que o texto de Butler exige um conhecimento prévio dos argumentos e debates aos quais ela se refere. Não só isso, mas podemos nos ver na situação de ter que fazer um enorme esforço para acompanhar um texto cujas premissas teóricas básicas podem ser difíceis de apreender. Leitores e leitoras para os quais "Judith Butler" é sinônimo de "performatividade" podem ser tentados a saltar diretamente para as seções relevantes tanto neste capítulo quanto no próprio *GT*, mas a razão pela qual as teorias de Butler têm sido mal compreendidas é, em parte, precisamente porque elas têm sido teoricamente "reduzidas" por procedimentos de descontextualização e simplificação. Faz mais sentido ler *GT* de ponta a ponta, mesmo se o consideramos difícil a princípio e, assim como ocorre com todos os capítulos deste livro, minha descrição das teorias de Butler não deve ser vista como um substituto para a leitura dos próprios textos.

Uma vez que Butler é uma escritora tão sincrética (isto é, de ampla filiação teórica), este capítulo não poderá oferecer discussões detalhadas sobre todos os pensadores, pensadoras e teorias aos quais ela apela. Em vez disso, irá se concentrar numa série de formulações teóricas importantes de *GT*: a saber, a crítica foucaultiana do sujeito, as leituras que Butler faz das teorias estruturalista, psicanalítica e feminista, bem como suas próprias teorizações sobre as identidades melancólica e performativa. Nesta etapa, termos como "foucaultianismo", "melancolia" e "performatividade" podem não ser familiares, mas serão explicados nas seções seguintes.

(Onde) existe um sujeito neste texto?

Afirmando que muitas teóricas feministas haviam assumido equivocadamente a existência "do sujeito" ao falar de modo pouco crítico em termos de "mulher" e "mulheres", *GT* põe em dúvida a existência dessa categoria. Em vez de partir da premissa de que o sujeito é um viajante metafísico preexistente, Butler descreve-o como um sujeito-em-processo que é construído no discurso pelos atos que executa.

GT causa perturbação quando:

- põe em dúvida a categoria "do sujeito", ao argumentar que ele é um construto performativo; e
- afirma que há modos de "construir" a nossa identidade que irão perturbar mais ainda quem está diretamente interessado em preservar as oposições existentes, tais como macho/fêmea, masculino/feminino, gay/hétero e assim por diante (Butler não lida com a oposição negro/branco em *GT*).

A ideia de que a identidade é um construto performativo se constitui numa teoria complexa que será analisada em detalhes mais adiante, mas neste momento devemos observar que seria incorreto supor que, se o Espírito de Hegel é um viajante (veja o capítulo anterior), o sujeito de Butler é um ator que simplesmente se põe de pé e "encena" sua identidade num palco metafórico de sua própria escolha. Como veremos, Butler argumenta que a identidade de gênero é uma sequência de atos (uma ideia que assenta em teorias existencialistas), mas ela também argumenta que não existe um ator (um *performer*) preexistente que pratica esses atos, que não existe nenhum fazedor por trás do feito. Ela esboça aqui uma distinção entre *performance* (que pressupõe a existência de um sujeito) e *performatividade* (que não o faz). Isso não significa que não há sujeito, mas que o sujeito não está exatamente onde esperaríamos encontrá-lo – isto é, "atrás" ou "antes" de seus feitos. A leitura de *GT* exigirá, então, formas novas e radicais de examinar (ou talvez de buscar) a identidade de gênero.

A "mulher" como um termo em processo

No livro *O segundo sexo*, Simone de Beauvoir faz a célebre declaração de que "Ninguém nasce mulher: torna-se mulher. Nenhum destino biológico, psíquico, econômico define a forma que a fêmea humana assume no seio da sociedade; é o conjunto da civilização que elabora esse produto intermediário entre o macho e o castrado, que se qualifica de feminino" (1980, v. 2, p. 9). Comentando a afirmação de Beauvoir, quase ao final do primeiro capítulo de *GT,* Butler escreve:

> Se o argumento de Beauvoir, de que não nascemos mas nos *tornamos* uma mulher, está correto, segue-se que a *mulher* em si é um termo em processo, um devir, um construir do qual não se pode dizer legitimamente que tenha origem ou fim. Como uma prática discursiva contínua, ela está aberta à intervenção e à ressignificação. Mesmo quando o gênero parece se cristalizar nas formas mais reificadas, a "cristalização" é, ela própria, uma prática insistente e insidiosa, sustentada e regulada por diversos meios sociais. Para Beauvoir, nunca é possível se tornar, finalmente, uma mulher, como se houvesse um *telos* que governasse o processo de aculturação e construção (GT, p. 33).

GT descreve como o gênero se "cristaliza" ou se solidifica numa forma que faz com que ele pareça ter estado lá o tempo todo, e tanto Butler quanto Beauvoir afirmam que o gênero é um processo que não tem origem nem fim, de modo que é algo que "fazemos", e não algo que "somos". Em seu artigo anterior, "Sex and Gender in Simone de Beauvoir's *Second Sex*" (SG), Butler afirma, antes de mais nada, que "todo gênero é, por definição, não natural", para então começar a desfazer a conexão entre sexo e gênero que muitos acreditam ser inevitável (SG, p. 35). Butler se afasta da suposição comum de que sexo, gênero e sexualidade existem numa relação necessariamente mútua, de modo que se, por exemplo, alguém é biologicamente fêmea, espera-se que exiba traços "femininos" e (num mundo heteronormativo, isto é, num mundo no qual a heterossexualidade é considerada a norma) tenha desejo por homens. Em vez disso, Butler declara que o gênero é "não natural"; assim, não há uma relação necessária entre o corpo de alguém e o seu gênero. Será, assim, possível, existir um corpo designado como "fêmea" e que *não* exiba traços geralmente considerados "femininos". Em outras palavras, é possível ser uma fêmea "masculina" ou um macho "feminino". No primeiro capítulo de *GT*, Butler desenvolve essa ideia, argumentando que "por definição, o sexo se revelará ter sido gênero o tempo todo" (GT, p. 8), uma ideia que será discutida em detalhes mais adiante neste capítulo.

O artigo de Butler e o capítulo de abertura de *GT* levantam uma série de questões importantes. Se o gênero é um processo ou um "devir", e não um estado ontológico do ser que simplesmente "somos', o que determina, então, o que nos tornamos, bem como a *maneira* pela qual nos tornamos isso? Em que medida alguém escolhe o seu gênero? Na verdade, o que ou quem faz a escolha? E o que determina tal escolha, se é que existe alguma coisa que a determine? Em outro artigo importante, "Variations on Sex and Gender", Butler declara que o gênero é uma "escolha" (VSG, p. 128-129), uma ideia que não é tão clara quanto possa parecer, já que por "escolha" Butler *não* quer dizer que um "agente livre" ou uma "pessoa" se coloca fora de seu gênero e simplesmente o seleciona. Isso seria impossível, visto que alguém *já* é seu gênero e a escolha do "estilo de gênero" é sempre limitada desde o início. Em vez disso, Butler afirma que "escolher um gênero significa interpretar as normas existentes de gênero, organizando-as de uma nova maneira. Menos do que um ato radical de criação, o gênero é um projeto tácito para renovar a nossa história cultural segundo nossos próprios termos. Não se trata de uma tarefa prescritiva na qual devemos nos empenhar, mas de uma tarefa na qual estamos empenhados desde sempre" (VSG, p. 131).

O que Butler quer dizer é que o gênero é um ato ou uma sequência de atos que está sempre e inevitavelmente ocorrendo, já que é impossível alguém existir como um agente social fora dos termos do gênero. *GT* vai situar o gênero e o sexo no contexto dos discursos pelos quais eles são enquadrados e formados, de modo a tornar evidente o caráter construído (em oposição a "natural") de ambas as categorias. Butler se aventura em sua crítica radical já no primeiro capítulo de *GT*, no qual se afasta de teóricas tais como Wittig e Irigaray para argumentar que não há "um terreno único ou permanente" a partir do qual o feminismo pode ou deve falar. Trata-se, diz ela, de práticas de exclusão que paradoxalmente enfraquecem o projeto feminista de ampliar o campo da representação (GT, p. 5).

Butler rejeita esse essencialismo até mesmo como estratégia política (GT, p. 4). Um modo muito mais efetivo de contestar o *status quo* consiste em *deslocar* categorias tais como "homem", "mulher", "macho" e "fêmea", revelando como elas são discursivamente construídas no interior de uma matriz heterossexual de poder (GT, p. 30). Enquanto Wittig declara que "lésbica" é um conceito que está para além das categorias de sexo e apela para a destruição da heterossexualidade como um sistema social (1992, p. 20), Butler argumenta que o sexo e o gênero são discursivamente construídos e que não há nenhuma posição de liberdade tácita para além do discurso. A sexualidade culturalmente construída não pode ser deixada de lado, de modo que para o sujeito resta a questão de como reconhecer e "fazer" a construção na qual ele já se encontra (GT, p. 31). *GT* descreve como os gêneros e os sexos são atualmente "feitos" no interior da matriz heterossexual, à medida que examina como é possível "fazer" essas construções de maneira diferente.

Discurso

Quando utiliza essa palavra, Butler está não apenas se referindo à "fala" ou à "conversação", mas especificamente às formulações de Foucault sobre o discurso como "grandes grupos de enunciados" que governam o modo como falamos e percebemos um momento ou momentos históricos específicos. Foucault compreende os enunciados como eventos reiteráveis que estão ligados por seus contextos históricos. A sua obra busca as continuidades entre enunciados que, juntos, constituem formações discursivas, tais como "medicina", "criminalidade", "loucura". Foucault está interessado particularmente nas posições de sujeito pressupostas pelos enunciados e no modo como os sujeitos são discursivamente constituídos. Assim, em *A história da loucura* (1961), Foucault argumenta que o conceito de doença mental foi construído no século XIX, enquanto em *A história da sexualidade v. I* (1976), ele afirma que o sexo e a sexualidade foram controlados e, ao mesmo tempo, produzidos num surto discursivo que teve lugar no século XIX. Em outras palavras, conceitos tais como "loucura", "criminalidade" e "sexualidade" são construtos discursivos que deveriam ser analisados no âmbito do contexto ou da mudança histórica específica em que ocorreram.

Genealogias de gênero

Afirmando que as construções de gênero se cristalizam em formas que parecem ser naturais e permanentes, Butler se atribui a tarefa de desfazer ou desconstruir essas formas ao indagar como a "mulher" veio a ser tão amplamente aceita como um dado ontológico. No começo de *GT*, ela afirma que a crítica feminista, em vez de olhar para as estruturas de poder em busca de emancipação, deveria analisar como a categoria "mulheres" é produzida e restringida por essas estruturas (GT, p. 2). Em vez de se envolver numa crítica do "patriarcado", Butler se lança naquilo que chama de "uma *genealogia feminista* da categoria 'mulheres'" (GT, p. 5, grifo da autora) e de "uma genealogia da ontologia de gênero" (GT, p. 32). A palavra "genealogia" parece prometer a análise histórica à qual Butler, no final de *SD*, sinaliza como a futura direção para a filosofia, mas em *GT* ela usa a palavra no seu sentido especificamente foucaultiano para descrever uma investigação sobre o modo como os discursos funcionam e os propósitos políticos que eles cumprem. Conforme diz, "a genealogia investiga os interesses políticos envolvidos em nomear como *origem* e *causa* aquelas categorias de identidade que são, de fato, os *efeitos* de instituições, práticas, discursos, com múltiplos e difusos pontos de origem" (GT, p. viii-ix; grifos da autora). Será útil guardar essa frase, já que a ideia de que o sujeito é *efeito* em vez de causa fornece a chave para as teorias sobre a identidade performativa desenvolvidas por Butler.

Em consequência, Butler não está interessada na busca da origem ou causa do gênero (já que ele não as tem), mas sim em realizar uma investigação genealógica que estude os efeitos do gênero e reconheça que o gênero *é* um efeito. Neste estágio, essa formulação de Butler pode parecer confusa, mas a ideia será explicada com mais detalhes ainda neste capítulo, quando retornarmos às suas teorias de performatividade.

O sexo é gênero

Se aceitamos que o gênero é construído e que não está, sob nenhuma forma, "natural" ou inevitavelmente preso ao sexo, então a distinção entre sexo e gênero parecerá cada vez mais instável. Assim, o gênero é radicalmente independente do sexo. Ele é "um artifício à deriva", como diz Butler (GT, p. 6), argumentando que, se o "sexo" é tão culturalmente construído quanto o gênero, na verdade, talvez o sexo tenha sido desde sempre gênero, de maneira que a distinção sexo/gênero não é na verdade distinção alguma (GT, p. 7). Butler descarta a ideia de que o gênero ou o sexo seja uma "substância permanente", argumentando que uma cultura heterossexual e heterossexista estabelece a coerência dessas categorias para perpetuar e manter o que a poeta e crítica feminista Adrienne Rich chamou de "heterossexualidade compulsória" – a ordem dominante pela qual os homens e as mulheres se veem solicitados ou forçados a ser heterossexuais. Butler declara que as identidades de gênero que não se conformam ao sistema da "heterossexualidade compulsória e naturalizada" mostram como as normas de gênero são socialmente instituídas e mantidas (GT, p. 22). Como exemplo, ela cita Herculine Barbin, um/uma hermafrodita do século XIX, que é inclassificável nos termos de um binarismo heterossexual que supõe uma correlação simples entre sexo e gênero e divide as pessoas cristalinamente de acordo com as distinções macho/fêmea, masculino/feminino. Embora Butler se afaste de modo significativo das considerações de Foucault sobre a experiência de Herculine – o diário de Barbin tem uma introdução escrita por Foucault –, ela afirma que a heterogeneidade sexual, que é literalmente *corporificada* por Herculine, constitui uma crítica implícita ao que ela chama de "metafísica da substância" e de "categorias identitárias do sexo" (GT, p. 23-24).

A "metafísica da substância" refere-se à crença difundida de que o sexo e o corpo são entidades *materiais*, "naturais", autoevidentes, ao passo que, para Butler, como veremos, sexo e gênero são construções culturais "fantasmáticas" que demarcam e definem o corpo. Butler argumenta que a "incapacidade" de Barbin em se conformar aos binarismos de gênero mostra a instabilidade dessas categorias, colocando em questão a ideia do gênero como uma substância e a viabilidade de "homem" e "mulher" como substantivos (GT, p. 24). A dissonância de gênero ou, na verdade, a perturbação de gênero exemplificada por Barbin demonstra que o gênero é uma produção ficcional (GT, p. 24), levando Butler a afirmar que "o *gênero* não é um substantivo, mas demonstra ser performativo, quer dizer, constituinte da identidade que pretende ser. Nesse sentido, o gênero é sempre um fazer, embora não um fazer por um sujeito que se poderia dizer que preexiste ao feito" (GT, p. 25). Esta é uma das ideias mais influentes e difíceis de Butler, e será discutida nas seções que seguem.

Saindo do armário

Embora Butler afirme que o gênero é limitado pelas estruturas de poder no interior das quais está situado, ela também insiste sobre as possibilidades de proliferação e subversão que se abrem a partir dessas limitações. Descrever o gênero como um "fazer" e como um estilo corporal poderia nos levar a pensá-lo como uma atividade que se parece com a escolha de um traje num guarda-roupa preexistente. Embora Butler refute explicitamente essa analogia em seu livro seguinte, *Bodies That Matter*, por ora ela pode servir aos nossos propósitos. Antes de tudo, teremos de nos livrar da noção de "liberdade de escolha": uma vez que estamos vivendo dentro da lei ou no interior de uma dada cultura, não há possibilidade de nossa escolha ser inteiramente "livre", e é bem provável que a "escolha" de nossas roupas metafóricas se ajuste às expectativas ou talvez às demandas de nossos amigos ou colegas de trabalho, mesmo sem nos darmos conta de que estamos fazendo isso. Além disso, o conjunto de roupas disponíveis será determinado por fatores tais como a nossa cultura, o nosso trabalho, o nosso rendimento ou o nosso *status* e origem social.

Do modo como Butler vê as coisas, se decidíssemos ignorar as expectativas e as limitações impostas pelos amigos, colegas, etc., "vestindo um gênero" que por alguma razão fosse contrariar aquelas pessoas que têm autoridade sobre nós ou de cuja aprovação dependemos, não poderíamos simplesmente *reinventar* nosso guarda-roupa de gênero metafórico, tampouco adquirir um guarda-roupa inteiramente novo (e mesmo que pudéssemos fazer isso, obviamente estaríamos limitados pelo que estivesse disponível nas lojas). Em vez disso, teríamos de alterar as roupas que já temos para indicar que não as estamos usando de um modo "convencional" – rasgando-as ou pregando-lhes lantejoulas ou vestindo-as viradas ou do avesso. Em outras palavras, a nossa escolha de gênero, tal como a nossa escolha do tipo de subversão, é restrita – o que pode significar que não estamos, de maneira alguma, "escolhendo" ou "subvertendo" nosso gênero.

A analogia é, de certa maneira, grosseira, mas dá uma ideia de como nossas escolhas de gênero não são "livres", mas limitadas. Além disso, esse modelo de identidade de gênero levanta questões sobre a *agência* (isto é, a escolha e a ação) e o agente: se comparamos o gênero à escolha de um traje num guarda-roupa limitado, então, mais uma vez, devemos nos perguntar quem ou o que está fazendo a escolha? Meu exemplo de uma pessoa que se põe diante de um guarda-roupa e escolhe o que vestir naquele dia implica a existência de um sujeito ou de um agente que é *anterior* ao gênero (ou, neste exemplo, ao ato de vestir as roupas). Como veremos, essa é uma ideia que Butler rejeita em *GT*, onde a noção de gênero como performativo não supõe que haja um "ator" preexistente aos atos que efetivamente constituem a identidade.

Ficções fundacionais

Embora Butler seja amplamente conhecida por suas formulações de performatividade, paródia e *drag*, tais como delineadas no terceiro capítulo de *GT*, o segundo capítulo, ("A proibição, a psicanálise e a produção da matriz heterossexual"), é crucial para se compreender os seus modelos de identidade. Interpretando foucaultianamente as teorias estruturalistas e psicanalíticas sobre o gênero, a identidade e a lei, Butler

- desenvolve o que chama de "uma teorização discursiva da produção cultural do gênero"; em outras palavras, ela trabalha a partir da premissa de que o gênero é um construto discursivo, algo que é *produzido* e não um "fato natural", e
- caracteriza a lei como múltipla, proliferativa e potencialmente autossubversiva em si mesma, em oposição à lei única, proibitiva e rigidamente repressiva proposta por outros teóricos (por exemplo, Lacan).

As palavras-chave no título do capítulo são *produção* e *matriz*. Um dicionário dirá que a palavra "matriz" tem vários significados: molde no qual algo é fundido ou modelado; útero; ou, em computação, conjunto de elementos de circuitos ligados por uma espécie de grade. É difícil dizer, precisamente, em que sentido Butler utiliza a palavra, mas, uma vez que é improvável que ela pense o gênero como um útero, parece que a primeira e a terceira definições são aplicáveis. Nesse caso, o gênero poderia ser caracterizado como uma "estrutura", um "molde" ou uma "grade" na qual (ou pela qual) o sujeito é "modelado" (embora também seja importante lembrar que a matriz é, *ela própria*, produzida e consolidada pelas teorias que Butler discute aqui).

O capítulo começa com uma discussão das análises das estruturas de parentesco feitas pelo antropólogo estruturalista Claude Lévi-Strauss, antes de passar a analisar as formulações psicanalíticas de Lacan, Joan Riviere e Freud. Butler apresenta, então, a sua própria teorização da identidade sexual e de gênero e da lei, através das teorias dos psicanalistas pós-freudianos Nicolas Abrahan e Maria Torok e do filósofo pós-estruturalista Michel Foucault. Analisarei a seguir, com algum detalhe, as importantes teorias de Freud sobre a formação da identidade, mas o espaço não permitirá uma análise demorada de outros pensadores cujo trabalho Butler critica. Muitas das teorias a que estaremos aludindo são complexas e não se prestam facilmente à síntese, e pode ser útil consultar livros de introdução à teoria crítica, à psicanálise e ao feminismo (ver o capítulo "Leituras complementares").

Luto e melancolia

Uma vez que as teorias de Butler são fortemente influenciadas pelas de Freud, haverá necessidade de explicar uma série de conceitos-chave freudianos nas seções seguintes. As leituras que Butler faz de Freud são complexas e difíceis de compreender em alguns trechos, em parte devido às aparentes incertezas de Freud e às frequentes emendas ou correções que ele fez em suas teorias, em parte porque nem sempre fica claro em quais de suas teorias Butler está se baseando, se é que ela está realmente se baseando em alguma delas. Butler faz uso de dois importantes trabalhos de Freud: "Luto e melancolia" e o posterior *O ego e o id*.

Em "Luto e melancolia", Freud faz uma distinção entre *luto*, que é a reação a uma perda real, em geral a morte de alguém amado, e *melancolia*. Uma vez que o melancólico nem sempre sabe o que perdeu e, na verdade, às vezes nem sequer sabe que perdeu alguma coisa, Freud considera essa uma condição patológica que se assemelha à depressão. Ele argumenta que, em vez de "superar" e aceitar a perda, a resposta melancólica consiste em internalizar o objeto perdido no ego, *identificando-se* com ele. A *identificação* é um conceito central nas teorias de Freud sobre a estruturação da mente em termos de ego, superego e id e, como se poderia esperar, denota o processo e os efeitos da identificação com outrem, frequentemente como uma resposta à perda. *Introjeção* é o processo pelo qual o sujeito transporta objetos do mundo externo para dentro de si e os preserva no ego, e está intimamente relacionado à identificação. Na verdade, a identificação se dá através da introjeção, à medida que um objeto é metaforicamente "instalado" no ego, e Butler argumentará que a introjeção não é a única forma pela qual a identificação tem lugar.

Em *O ego e o id*, Freud não vê mais a melancolia como uma patologia ou uma doença mental, mas descreve agora toda a formação do ego como uma estrutura melancólica. Freud argumenta que no processo de formação-do-ego as catexias objetais primitivas de uma criança são transformadas numa identificação, uma formulação que não é tão complicada quanto poderia parecer, uma vez que tenhamos decifrado a terminologia freudiana. Inicialmente o bebê deseja um de seus progenitores (essas são suas catexias objetais primitivas), mas o tabu contra o incesto implica que esses desejos têm de ser abandonados. Do mesmo modo que o melancólico internaliza o objeto perdido e, assim, o preserva, o ego introjeta o objeto perdido (o progenitor desejado) e o preserva como uma identificação. "Um objeto que fora perdido foi instalado novamente dentro do ego – isto é... uma catexia do objeto foi substituída por uma identificação", escreve Freud (1996, p. 41). O ego é, então, um depósito de todos os desejos que ele teve de abandonar, ou, como diz Freud, "o caráter do ego é um precipitado de catexias objetais abandonadas e [...] ele contém a história dessas escolhas de objeto" (1996, p. 42).

Se nosso desejo primitivo é pela mãe, iremos introjetar a sua figura e estabelecer uma identificação com ela; por outro lado, se nosso desejo primitivo é pelo pai, iremos substituir nossa catexia objetal proibida por uma identificação com ele. Freud não sabe com certeza o que determina a catexia objetal primitiva – isto é, por que a criança deseja um progenitor mais do que o outro –, mas ele contorna esse problema atribuindo a direção do desejo do bebê ao que chama de *disposições*. Por "disposição" ele parece querer dizer o desejo inato do bebê por alguém do sexo oposto ou do mesmo sexo, mas Freud se mostra hesitante no caso da descrição do desenvolvimento da "menininha". Freud escreve que, depois de renunciar a seu pai como seu primitivo objeto de amor, a menina "colocará sua masculinidade em proeminência e identificar-se-á com seu pai (isto é, com o objeto que foi perdido), e não com a mãe. Isso, obviamente, dependerá de ser a masculinidade em sua disposição - seja o que for em que isso possa consistir - suficientemente forte" [isto é, identificar com seu pai] (1996, p. 45). Parece que as catexias de objeto são o resultado das disposições primitivas, não importando se somos congenitamente "masculino" ou "feminino". Além disso, como já deveríamos imaginar, Butler rejeita a postulação um tanto hesitante de Freud sobre as "disposições" sexuais congênitas.

Freud: termos úteis

Luto: a reação a uma perda real.

Melancolia: a reação a uma perda imaginada.

Catexia de objeto: o desejo por um objeto; neste caso, a mãe ou o pai.

> **Identificação**: o processo pelo qual alguém vem a se identificar com alguém ou com algo; neste contexto, o objeto que tinha sido perdido. As identificações ocorrem através da *introjeção* ou da *incorporação*.
>
> **Introjeção**: o processo pelo qual objetos do mundo exterior são internalizados e conservados no ego.
>
> **Incorporação**: o processo pelo qual objetos são conservados na superfície do corpo (Freud não discute a incorporação em "Luto e melancolia" ou em *O ego e o id*).
>
> **Disposições**: a inclinação a desejar, a partir do nascimento, pessoas do mesmo sexo ou do sexo oposto.

A heterossexualidade melancólica

Vejamos agora o que Butler faz com Freud. Ela está interessada nas "disposições", que Freud trata um tanto apressadamente, mas, em vez de aceitar que elas são congênitas, Butler quer saber como as disposições "masculinas" e "femininas" podem ser remetidas a uma identificação e onde essas identificações se dão. Com efeito, Butler afirma que as disposições são os *efeitos* de identificações com o progenitor do mesmo sexo ou do sexo oposto e não suas *causas*; em outras palavras, o desejo não vem em primeiro lugar. "O que são essas disposições primitivas nas quais Freud aparentemente se fundamenta?" pergunta ela, observando com atenção a "dúvida entre parênteses" ("seja lá o que for que isso possa se constituir") com a qual ele interrompe sua asserção (GT, p. 60).

Enquanto Freud descreve a formação do ego como uma estrutura melancólica, pois o bebê é forçado a abandonar seu desejo por seus progenitores em reação ao tabu contra o incesto, Butler argumenta que o tabu contra o incesto é *precedido* pelo tabu contra a homossexualidade (embora, curiosamente, ela não especifique qual é a sua fonte, neste caso) (GT, p. 63). Isso parece implicar que o desejo primitivo da criança é sempre o desejo pelo progenitor do mesmo sexo – afinal, porque se necessitaria de um tabu se não há nada a proibir? – e, embora Butler argumente que a lei *produz* o desejo que logo a seguir proíbe, ela é, no entanto, pouco clara quanto à razão por que um desejo é produzido e reprimido antes do outro. "Embora Freud não argumente explicitamente em defesa disso, parece que o tabu contra a homossexualidade deve *preceder* o tabu do incesto heterossexual", escreve Butler (GT, p. 64) e, ainda que ela reitere essa afirmação várias vezes nessa seção, os qualificativos que introduz aqui ("Embora Freud", "parece que") lembram a "dúvida entre parênteses" que ela observa na descrição de Freud a respeito das disposições.

Mesmo assim, a afirmação de que o tabu contra a homossexualidade precede o tabu do incesto é crucial para o argumento de Butler de que as identidades sexuais e de gênero são formadas em resposta à proibição. Em vez de considerar o gênero ou o sexo como inatos, Butler afirma que "a identidade de gênero parece ser primariamente a internalização de uma proibição que se mostra formadora da identidade" (GT, p. 63). Uma vez que a "proibição" à qual Butler se refere é o tabu contra a homossexualidade, é evidente que, para ela, toda identidade de gênero é baseada numa catexia ou num desejo homossexual primitivo, proibido. Se a melancolia é a resposta para a perda real ou imaginada, e se a identidade de gênero heterossexual é formada com base numa perda primitiva do objeto de desejo do mesmo sexo, segue-se que a identidade de gênero heterossexual é melancólica.

A apropriação foucaultiana que Butler faz das teorias de Freud a respeito do luto, da melancolia e da formação do ego e seu argumento de que a heterossexualidade é baseada no desejo homossexual primitivo se constituem em um dos feitos mais importantes de *GT* e, visto que a teoria das identidades de gênero e identificações melancólicas marca grande parte de seu trabalho subsequente, farei aqui uma citação mais extensa de Butler, que também serve de sumário:

> Se as disposições femininas e masculinas são o resultado da internalização efetiva [do tabu contra a homossexualidade], e se a resposta melancólica à perda do objeto do mesmo sexo consiste em incorporar e, na verdade, em *se tornar* aquele objeto através da construção do ideal de ego, então a identidade de gênero parece ser, primariamente, a internalização de uma proibição que se mostra formadora da identidade. Além disso, esta identidade é construída e mantida pela aplicação consistente desse tabu, não apenas na estilização do corpo em conformidade com categorias de sexo distintas, mas na produção e na "disposição do desejo sexual"; [...] as disposições não são os fatos sexuais primários da psique, mas os efeitos resultantes de uma lei imposta pela cultura e pelos atos cúmplices e transvalorizados do ideal de ego (GT, p. 63-64).

Pode-se observar o emprego da palavra "incorporar" no trecho citado: o termo "incorporação" é, na verdade, um componente crucial dos argumentos de Butler no que concerne a gênero, sexo e corpo.

A heterossexualidade melancólica

O estudo de caso da "menininha" poderia ser resumido da seguinte forma: desejo da "menininha" por sua mãe → tabu do incesto → melancolia da "menininha" → identificação com a mãe através da incorporação → o desejo homossexual da menininha é desautorizado → feminilidade → heterossexualidade melancólica.

A incorporação

Ao se referir à "estilização do corpo" e à "produção e 'disposição' do desejo sexual" no trecho que citei, Butler introduz a ideia de que o sexo, tanto quanto o gênero, é um resultado do tabu contra a homossexualidade. Seu argumento, até aqui, é de que o tabu contra a homossexualidade desencadeia a reação melancólica descrita por Freud em "Luto e melancolia", ou seja, uma identificação com o progenitor do mesmo sexo. Butler fala dessa identificação em termos de "internalização", querendo dizer que, tal como nas descrições de Freud, o objeto perdido é introjetado e instaurado no ego como uma identificação. Agora, afastando-se de Freud, que não fala sobre incorporação em "Luto e melancolia" ou em *O ego e o id*, Butler pergunta *onde* a identificação melancólica ocorre, e conclui que as identificações são incorporadas, isto é, conservadas na superfície do corpo (GT, p. 67). Aqui Butler segue Abraham e Torok, que argumentam que, enquanto o luto leva à introjeção do objeto perdido, a melancolia resulta na sua incorporação. "Quando consideramos a identidade de gênero como uma estrutura melancólica, faz sentido dar preferência à 'incorporação' como a maneira pela qual tal identificação é efetuada", escreve Butler. "A identidade de gênero", continua ela, "seria estabelecida por meio de uma recusa da perda que se encripta no corpo [...]. A incorporação *literaliza* a perda *sobre* o corpo ou *no* corpo e se apresenta, assim, como sendo a facticidade do corpo, ou seja, o modo pelo qual o corpo passa a carregar o 'sexo' como sua verdade literal" (GT, p. 68).

Não é somente o ego que é o receptáculo da catexia objetal que teve de ser abandonada, mas o próprio corpo é uma espécie de "túmulo" (observe-se, na citação anterior, o uso do verbo "encriptar") no qual, todavia, esses desejos perdidos estão longe de ser "enterrados", uma vez que são conservados na superfície do corpo e, assim, constituem as identidades de sexo e gênero. Butler formula a equação ontológica da seguinte maneira: "Se a negação heterossexual da homossexualidade resulta na melancolia e se a melancolia opera através da incorporação, então, o amor homossexual desautorizado é conservado através do cultivo de uma identidade de gênero definida por oposição" (GT, p. 69). Ou, dito de maneira mais direta, *somos* o que tínhamos desejado (e que não nos é mais permitido desejar).

Todas as identidades de gênero estáveis são "melancólicas", baseadas num desejo primitivo proibido que é escrito sobre o corpo e, como afirma Butler, limites de gênero rígidos escondem a perda de um amor original, não reconhecido e não resolvido (GT, p. 63). Não são apenas os héteros que sofrem de uma melancolia de gênero (se é que "sofrer" é o verbo correto: Butler diz que a heterossexualidade melancólica é uma "síndrome", o que sugere que há nela algo de patológico (GT, p. 71)). Ela admite que "um/uma homossexual para quem o desejo heterossexual é impensável" manteria seu desejo heterossexual por meio da incorporação melancólica de tal desejo, mas ela salienta que, uma vez que não existe a mesma sanção cultural contra o reconhecimento da heterossexualidade, a melancolia heterossexual e a melancolia homossexual não são, de fato, equivalentes (GT, p. 70).

Tal como o gênero, o corpo esconde a sua genealogia e apresenta a si mesmo como um "fato natural" ou como um dado, ao passo que, ao argumentar que o desejo a que se renunciou está "encriptado" no corpo, Butler afirma que o corpo é efeito do desejo e não a sua causa. O corpo é uma estrutura imaginada que é a consequência ou o produto do desejo: "a natureza fantasmática do desejo revela o corpo não como a sua razão ou a sua causa, mas como a sua *circunstância* e o seu *objeto*", escreve ela. "A estratégia do desejo", continua, "é, em parte, a transfiguração do próprio corpo desejante" (GT, p. 71). A ideia de que o desejo "transfigura" o corpo é complexa, mas para os propósitos desta discussão basta notar que Butler não está postulando um corpo que seja estável, fixo e "simples matéria", mas um corpo que é construído e traçado pelo discurso e pela lei. Butler retorna à questão do corpo no terceiro capítulo de *GT*, ("Atos corporais subversivos"), no qual ela considera tanto o sexo quanto o gênero como "encenações" que operam performativamente para estabelecer a aparência de fixidez corporal. Se tanto o gênero quanto o sexo são "encenações", e não simples dados, então será possível encená-los de maneiras inesperadas e potencialmente subversivas. Antes de passar a discutir a performatividade e a paródia, Butler concentra a sua análise, como veremos a seguir, no potencial subversivo da lei.

O gênero melancólico

A perda de um objeto amoroso resulta na melancolia e numa identificação com esse objeto. De acordo com Butler, o tabu contra a homossexualidade precede o tabu contra o incesto, o que significa que o desejo homossexual é proibido desde o princípio. Enquanto é possível numa cultura heterossexual ficar de luto pelas consequências do tabu do incesto, o mesmo não pode ser feito relativamente ao tabu contra a homossexualidade e, por isso, a reação ao tabu contra a homossexualidade é a melancolia, e não o luto (GT, p. 69).

A identificação melancólica com o progenitor do mesmo sexo é incorporada, isto é, preservada na superfície do corpo, de modo que, longe de ser "natural" ou de ser um dado, o sexo é, tal como o gênero, um processo, algo que se assume através da identificação e da incorporação. O sujeito heterossexual melancólico irá "carregar" na superfície do corpo seu desejo proibido pelo mesmo sexo, de modo que a "ultrafeminilidade" e a "ultramasculinidade" físicas denotam o desejo renegado do sujeito por um objeto do mesmo sexo. Isso significa que "somos" o que tínhamos desejado e que os desejos que não nos deixaram expressar são sintomatizados no nosso corpo e no nosso comportamento.

> Todas as identidades de sexo e de gênero são melancólicas, mas Butler destaca que, uma vez que numa cultura heterossexual não há a mesma sanção contra o reconhecimento do desejo heterossexual, a melancolia homossexual e a melancolia heterossexual não são idênticas.

A proliferação como poder

As teorias estruturalistas e psicanalíticas que Butler submete à análise genealógica supõem que o sexo e o gênero são universais, estáveis e inatos. Por outro lado, Butler enfatiza que o sexo e o gênero são o resultado do discurso e da lei. Ao final do longo segundo capítulo, ela enfatiza a pluralidade de uma lei que *produz* identidades de gênero e de sexo que são apresentadas como inatas e "naturais" antes de serem submetidas à proibição. Embora ela não ponha em questão a suposição de Lévi-Strauss e de Freud de que as identidades de sexo e de gênero são produtos de leis e tabus, Butler se afasta desses teóricos ao declarar que a lei produz as identidades e os desejos inadmissíveis que reprime com a finalidade de instituir e manter a estabilidade das identidades de sexo e de gênero sancionadas.

Butler está utilizando, neste caso, *a crítica da hipótese repressiva* tal como formulada por Foucault, que refuta o pressuposto generalizado de que a sexualidade no século XIX era reprimida pela lei. Ele argumenta que, em vez disso, a sexualidade era *produzida* pela lei e que, longe de um silêncio em torno do sexo, o que havia, no século XIX, era "a multiplicação dos discursos sobre o sexo no próprio campo do exercício do poder: incitação institucional a falar do sexo e a falar dele cada vez mais" (FOUCAULT, 1988, p. 22). Foucault afirma que falar sobre o sexo é um modo de, simultaneamente, produzi-lo e controlá-lo, argumentando também que, uma vez que não existe nenhuma posição que possa ser assumida fora da lei, a subversão deve ocorrer *no interior* das estruturas discursivas existentes.

A crítica de Foucault à hipótese repressiva leva Butler a argumentar que, ao mesmo tempo que proíbe as uniões homossexuais/incestuosas, a lei as inventa e as provoca. Por conseguinte, Butler insiste no "caráter gerador do tabu [do incesto] [...] O tabu não apenas proíbe e dita a sexualidade sob certas formas, mas produz inadvertidamente uma variedade de desejos e identidades substitutivos que não são, em qualquer sentido, previamente circunscritos, exceto à medida que são, de alguma maneira, 'substitutivos'" (GT, p. 76). Isso significa que é impossível separar a função repressiva e a função produtiva tanto do tabu contra a homossexualidade quanto do tabu contra o incesto, uma vez que a *própria* lei produz *e* proíbe o desejo pelo progenitor do mesmo sexo.

Butler admite que a psicanálise sempre reconheceu a função produtiva do tabu do incesto, e a aplicação que ela faz do mesmo argumento em relação ao tabu contra a homossexualidade a leva a concluir que a heterossexualidade *requer* a homossexualidade para se definir e para manter a sua estabilidade. "A homossexualidade surge como um desejo que deve ser produzido para permanecer reprimido", escreve ela; a heterossexualidade produz a homossexualidade inteligível e então a torna ininteligível, proibindo-a (GT, p. 77).

A ideia de que a homossexualidade é "produzida" a fim de manter a coerência da heterossexualidade é atrativa, mas é também problemática, pois traz o risco de patologizar a homossexualidade e de relegá-la a uma posição secundária em relação à heterossexualidade – um produto da lei heterossexualizante. (Jonathan Dollimore insiste nesse mesmo ponto quando argumenta que, "ao ler Butler, se pode ter ocasionalmente a impressão de que o desejo gay não está completo a menos que ele esteja, de alguma maneira, subversivamente instaurado no interior da heterossexualidade" (1996, p. 535).) Podemos também nos perguntar se essa formulação contradiz a asserção de Butler de que o tabu contra a homossexualidade *precede* o tabu contra o incesto, uma vez que isso poderia implicar que o desejo homossexual precede o desejo heterossexual. Aqui parece que a sequência causal inicialmente postulada por Butler foi invertida, já que agora a homossexualidade é caracterizada como uma formação discursiva secundária que é produzida para instituir a estabilidade da heterossexualidade. Essa aparente contradição pode ser resultado de uma incompatibilidade potencial entre a psicanálise (que está preocupada com as origens da identidade) e a teoria foucaultiana (que não está). Além disso, poderia ser argumentado que a caracterização que Butler faz das identidades sexuais como reações melancólicas aos tabus contra a homossexualidade e o incesto lembra as formulações lacanianas que ela rejeitou em *Subjects of Desire*, a saber, a ideia de Lacan de que o sujeito é constituído pela falta e pela perda (do desejo) e de que ele está submetido à "lei do pai".

E, contudo, diferentemente de Lacan, Butler insiste que a lei é geradora e plural, e que a subversão, a paródia e o *drag* ocorrem *no interior* de uma lei que proporciona oportunidades para a "encenação" das identidades subversivas que ela, ao mesmo tempo, reprime e produz.

Os corpos em teoria

Ao longo de *GT*, Butler faz inúmeras alusões à performatividade, mas ela faz sua exposição mais fundamentada da teoria numa seção surpreendentemente breve (dada sua importância) quase ao final do terceiro capítulo (GT, p. 136-141). É significativo que essa teoria tenha ofuscado o resto de *GT*, e corro o risco de agravar a situação ao concentrar as duas seções seguintes na performatividade. É uma lástima que não possamos nos dedicar aos pensadores e às teorias que levaram Butler às suas formulações sobre a performatividade, mas espero que o ligeiro esboço que se segue possa servir de apoio para a leitura desse capítulo de *GT*.

As discussões de Butler sobre Kristeva, Foucault e Wittig se concentram nas descrições que eles fazem do corpo: enquanto Kristeva e, às vezes, Foucault, supõem que há um corpo antes do discurso, Butler segue Wittig, a teórica lésbica materialista, ao afirmar que a morfologia, isto é, a forma do corpo, é o produto de um esquema heterossexual (ou, tal como antes, uma "matriz") que efetivamente dá contornos àquele corpo. Tal como o gênero, o sexo é um *efeito,* uma categoria discursiva que, como diz Butler, "impõe uma unidade artificial sobre um conjunto de atributos que, caso contrário, seriam descontínuos" (GT, p. 114), uma ideia com a qual nos deparamos na seção anterior. Aqui Butler endossa a afirmação que Wittig faz em dois dos ensaios de sua coletânea *A mente hétero*, no qual ela escreve que "a linguagem projeta feixes de realidade sobre o corpo social, marcando-o e moldando-o violentamente" (1992, p. 43-44, 78). A afirmação de Wittig poderia implicar que há um corpo que preexiste à linguagem (afinal, a linguagem deve ter alguma coisa sobre a qual projetar seus "feixes"), mas Butler coloca em questão essa suposição ao perguntar: "Existe um corpo 'físico' anterior ao corpo visivelmente percebido? Uma questão impossível de resolver" (GT, p. 114).

Butler volta a essa "questão impossível" em *Bodies That Matter*, livro no qual ela praticamente admite que existe isso que chamamos de "corpo físico", a coisa que dói se a golpeamos e sangra se a espetamos, mas nesta seção de *GT* ela discute como a percepção e o corpo são discursivamente construídos através da exclusão, do tabu e da abjeção (esse último é um termo de Kristeva). Um dos discursos excludentes que Butler analisa é o da "ciência", e numa breve seção intitulada "*Post-scriptum* final não científico", que, de certa forma, está sub-repticiamente oculta entre sua discussão de Foucault e sua discussão de Wittig, Butler discute alguns avanços "científicos" recentes (embora pouco específicos) na biologia celular. "Uma razoável porcentagem de dez por cento da população tem variações cromossômicas que não se encaixam exatamente nos conjuntos de categorias XX-fêmea e XY-macho", afirma Butler, um "fato" que a leva a sugerir que os binarismos sexo/gênero existentes são inadequados para descrever e categorizar corpos indeterminados. Se, em vez de simplesmente aceitar a autoridade da "ciência", submetemos a biologia celular às análises discursivas, veremos que a própria ciência é determinada pela matriz heterossexual, ou, como diz Butler, "os pressupostos culturais quanto ao *status* relativo dos homens e das mulheres, bem como o próprio caráter binário da relação de gênero, fazem com que a pesquisa científica se enquadre e se ajuste aos parâmetros da determinação sexual (GT, p. 109).

"Ciência" e "naturalidade" são construtos discursivos e, embora possa parecer estranho refutar a autoridade da "ciência" após citar dados aparentemente "científicos", o ponto sobre o qual Butler insiste é evidente: o corpo não é uma "facticidade muda" (GT, p. 129), isto é, um fato da natureza, mas, tal como o gênero, ele é produzido por discursos tais como os analisados por ela. Assim como acontece com o gênero, sugerir que não há um corpo antes da inscrição cultural levará Butler a argumentar que o sexo, bem como o gênero, pode ser performativamente reinscrito de maneiras que acentuem seu caráter factício, artificial (isto é, seu caráter construído) em vez de sua facticidade (isto é, o fato de sua existência). Tais reinscrições, ou re-citações, tal como Butler as denomina em *Bodies That Matter*, constituem a agência do sujeito no interior da lei ou, em outras palavras, as possibilidades de subverter a lei para fazê-la se voltar contra si mesma.

Agência é um conceito importante para Butler, uma vez que significa a possibilidade de subverter a lei para fazê-la se voltar contra si mesma visando fins políticos e radicais.

A performatividade

Butler desfaz a distinção sexo/gênero para argumentar que não há sexo que não seja já e, desde sempre, gênero. Todos os corpos são "generificados" desde o começo de sua existência social (e não há existência que não seja social), o que significa que não há "corpo natural" que preexista à sua inscrição cultural. Isso parece apontar para a conclusão de que gênero não é algo que *somos*, é algo que *fazemos*, um ato, ou mais precisamente, uma sequência de atos, um verbo em vez de um substantivo, um "fazer" em vez de um "ser" (GT, p. 25). Butler desenvolve esta ideia no primeiro capítulo de *GT*:

> O gênero é a contínua estilização do corpo, um conjunto de atos repetidos no interior de um quadro regulatório altamente rígido e que se cristaliza ao longo do tempo para produzir a aparência de uma substância, a aparência de uma maneira natural de ser. Para ser bem-sucedida, uma genealogia política das ontologias dos gêneros deverá desconstruir a aparência substantiva do gênero em seus atos constitutivos e localizar e explicar esses atos no interior dos quadros compulsórios estabelecidos pelas várias forças que policiam a sua aparência social (GT, p. 33).

O gênero não é apenas um processo, mas um tipo particular de processo, "um conjunto de atos repetidos *no interior de um quadro regulatório altamente rígido"*, como diz Butler. Enfatizei a última parte para mostrar que, tal como ocorre com a analogia do guarda-roupas anteriormente apresentada, Butler *não* está sugerindo que o sujeito seja livre para escolher que gênero ela ou ele vai encenar. O *"script"*, se nos apraz chamá-lo assim, já está sempre determinado no interior desse quadro regulatório, e o sujeito tem uma quantidade limitada de "trajes" a partir dos quais pode fazer uma escolha restrita do estilo de gênero que irá adotar.

A ideia de performatividade é introduzida no primeiro capítulo de *GT* quando Butler afirma que "o gênero demonstra ser performativo – quer dizer, constituinte da identidade que pretende ser, ou que simula ser. Nesse sentido, o gênero é sempre um fazer, embora não um fazer por um sujeito que se possa dizer que preexista ao feito" (GT, p. 25). Ela cita, então, a afirmação de Nietzsche, em *A genealogia da moral*, de que "não existe 'ser' por trás do fazer, do atuar, do devir; 'o agente' é uma ficção acrescentada à ação – a ação é tudo" (1998, p. 14), antes de adicionar o seu próprio corolário – adaptado à questão do gênero – à formulação nietzschiana: "Não há identidade de gênero por trás das expressões de gênero; a identidade é performativamente constituída pelas próprias 'expressões' que supostamente são seus resultados" (GT, p. 25).

É uma afirmação que confunde muitas pessoas. Como pode haver uma *performance* sem um *performer*, um ato sem um ator? Na verdade, Butler não diz que o gênero é uma *performance*, e faz uma distinção entre *performance* e performatividade (embora, às vezes, em *GT*, esses dois termos pareçam se interpenetrar). Numa entrevista de 1993, ela enfatiza a importância dessa distinção, argumentando que, enquanto a *performance* supõe um sujeito preexistente, a performatividade contesta a própria noção de sujeito (GT, p. 33). Nessa entrevista, Butler também liga explicitamente o seu uso do conceito de performatividade à teoria dos atos de fala de J. L. Austin desenvolvida no livro *Como fazer coisas com as palavras* (1955), e à desconstrução das ideias de Austin feita por Derrida no ensaio "Assinatura, acontecimento, contexto" (1972). Os dois textos serão discutidos em detalhes no capítulo 4, quando examinarmos as teorizações de Butler sobre a linguagem, mas deveria ser observado aqui que, embora nem Austin nem Derrida estejam em evidência em *GT*, Butler remete-se implicitamente em suas formulações da identidade de gênero, às teorias linguísticas desses autores.

Como a performatividade linguística se liga ao gênero? No início de *GT*, Butler afirma que "no contexto do discurso herdado da metafísica da substância, o gênero demonstra ser performativo, quer dizer, constituinte da identidade que pretende ser" (GT, p. 24-25). O gênero é um ato que faz existir aquilo que ele nomeia: neste caso, um homem "masculino" ou uma mulher "feminina". As identidades de gênero são construídas e constituídas pela linguagem, o que significa que não há identidade de gênero que preceda a linguagem. Se quiséssemos, poderíamos dizer: não é que uma identidade "faça" o discurso ou a linguagem, mas é precisamente o contrário – a linguagem e o discurso é que "fazem" o gênero. Não existe um "eu" fora da linguagem, uma vez que a identidade é uma prática significante, e os sujeitos culturalmente inteligíveis são efeitos e não causas dos discursos que ocultam a sua atividade (GT, p. 145). É nesse sentido que a identidade de gênero é performativa.

Podemos voltar, agora, à analogia do guarda-roupas que explorei antes, ao argumentar que o gênero é performativamente constituído, do mesmo modo que a escolha de roupas de alguém é delimitada, talvez até predeterminada, pela sociedade, pela economia, pelo contexto no qual esse alguém está situado. Leitoras e leitores familiarizados com o romance de Daphne de Maurier, *Rebeca* (1938), irão lembrar que a narradora anônima provoca um choque em seu marido por surgir numa festa num vestido idêntico ao que havia sido usado, em ocasião semelhante, por sua esposa morta. Na preparação para a festa, a narradora, auxiliada pela maligna Sra. Danvers, acredita que está escolhendo sua fantasia e, desse modo, criando a si mesma, enquanto, ao final, é a Sra. Danvers que está, na verdade, recriando a narradora como Rebeca. Se a Sra. Danvers é, neste caso, apresentada como exemplo da autoridade ou do poder, *Rebeca* nos dá um exemplo do modo como as identidades, longe de ser escolhidas por um agente individual, precedem e constituem esses "agentes" ou sujeitos (tal como Rebeca literalmente precede a narradora).

Superfície/interioridade

O argumento de Butler de que não existe identidade fora da linguagem faz com que ela rejeite a distinção comumente aceita entre superfície e interioridade e o dualismo cartesiano entre corpo e alma. No terceiro capítulo de *GT*, ela busca inspiração no livro de Foucault, *Vigiar e punir*, no qual ele contesta "a doutrina da internalização", ou seja, a teoria de que os sujeitos são formados pela internalização de estruturas disciplinares. Foucault substitui essa teoria pelo "modelo de inscrição" que, na descrição de Butler, consiste na ideia de que "a lei não é literalmente internalizada, mas incorporada, com a consequência de que são produzidos corpos que significam essa lei sobre o corpo e através do corpo" (GT, p. 134-5). Já que não existe o "interior" do gênero, a "lei" não pode ser internalizada, mas é escrita no corpo através daquilo que Butler chama de "a estilização corporal do gênero, a figuração fantasiada [*sic*] e fantástica do corpo" (GT, p. 135). Butler refuta repetidamente a ideia de um núcleo (ou essência interna) pré-linguístico, argumentando que os atos de gênero não são executados [*performed*] pelos sujeitos, mas que eles constituem performativamente um sujeito que é o efeito do discurso e não a sua causa: "*O fato de que o corpo 'generificado' é performativo sugere que não há status ontológico fora dos variados atos que constituem sua realidade*", escreve ela (GT, p. 136, ênfase minha). Retornamos, uma vez mais, à noção de que não há nenhum fazedor por trás do feito, nenhum agente volitivo que reconhecidamente "faz" seu gênero, visto que o corpo "generificado" é inseparável dos atos que o constituem. Mesmo assim, nas considerações sobre paródia e *drag* que se seguem, fica-se, às vezes, com a impressão de que *há* um ator ou um fazedor por trás do feito e Butler admite, mais tarde, que em *GT* ela hesitou entre, de um lado, descrever o gênero em termos de performatividade linguística e, de outro, caracterizá-lo como pura encenação. Suas teorias são esclarecidas em *Bodies That Matter*, livro no qual ela enfatiza as bases derridianas e austinianas da performatividade que estão apenas implícitas em *GT*.

Paródia e *drag*

"Se a verdade interna do gênero é uma fabricação e se um gênero verdadeiro é uma fantasia instituída e inscrita sobre a superfície dos corpos, então parece que os gêneros não podem ser nem verdadeiros nem falsos, mas são apenas produzidos como efeitos de verdade de um discurso de identidade primária e estável", escreve Butler no capítulo 3 de *GT* (GT, p. 136). Nesse caso, deve ser possível "encenar" esse gênero sob formas que chamem a atenção para o caráter construído das identidades heterossexuais que podem ter um interesse particular em apresentar a si mesmas como "essenciais" e "naturais", de maneira que seria legítimo dizer que o gênero em geral é uma forma de paródia, mas que algumas *performance*s de gênero são mais paródicas do que outras. Na verdade, ao destacar a disjunção entre o corpo do *performer* e o gênero que está sendo encenado [*performed*], algumas *performance*s paródicas tais como o *drag* revelam efetivamente a natureza imitativa de *todas* as identidades de gênero. "*Ao imitar o gênero, o* drag *revela, implicitamente, a estrutura imitativa do próprio gênero — bem como a sua contingência*", afirma Butler;

"parte do prazer, da vertigem da *performance* está no reconhecimento de uma contingência radical na relação entre sexo e gênero" (GT, p. 137-8; grifo da autora).

O gênero é um "estilo corporal", um ato (ou uma sequência de atos), uma "estratégia" que tem como finalidade a sobrevivência cultural, uma vez que quem não "faz" seu gênero corretamente é punido pela sociedade (GT, p. 139-140); trata-se de uma repetição, de uma cópia de uma cópia, e crucialmente a paródia de gênero que Butler descreve não pressupõe a existência de um original, uma vez que é a própria noção de um original que está sendo parodiada (GT, p. 138). Os performativos de gênero que não tentam esconder sua genealogia e, na verdade, fazem o possível para acentuá-la, deslocam os pressupostos heterossexuais, ao revelar que as identidades heterossexuais são tão construídas e "não originais" quanto as suas imitações.

O gênero não acontece de uma vez por todas quando nascemos, mas é uma sequência de atos repetidos que se enrijece até adquirir a aparência de algo que esteve ali o tempo todo. Se o gênero é um "processo regulado de repetição" que se dá na linguagem, então será possível repetir o nosso gênero diferentemente, como fazem as artistas *drags* (e poderíamos também recapitular a minha analogia do guarda-roupa – as roupas rasgadas e as lantejoulas representam minhas tentativas de "fazer" meu gênero de maneira subversiva e inesperada). Como argumentei anteriormente, não podemos sair de casa e adquirir todo um guarda-roupa novo de gênero, uma vez que, como diz Butler, "tudo o que existe é apenas a escolha dos instrumentos onde eles estão, sendo que a própria escolha é tornada possível pelo fato de o instrumento estar ali". Então temos de nos arranjar com os "instrumentos" ou, no meu exemplo, com as "roupas" que já temos, modificando-as radicalmente de modo a revelar a natureza "não natural" do gênero.

Há dois problemas com essa formulação: um é que o *modo* de escolher o instrumento será determinado e possibilitado pelo próprio instrumento, em outras palavras, a subversão e a agência são condicionadas, se não determinadas, por discursos dos quais não se pode fugir. Isso leva ao segundo problema: se a própria subversão é condicionada e restringida pelo discurso, então, como podemos dizer que há efetivamente subversão? Qual é a diferença entre a paródia subversiva e o tipo "comum" de paródia no qual, como afirma Butler, todo mundo está de qualquer forma, involuntariamente envolvido? O gênero é, todo ele, paródico, mas Butler adverte que "a paródia por si mesma não é subversiva", e coloca a importante questão sobre quais *performances* efetuam as várias desestabilizações de gênero e sexo que ela descreve e onde essas *performances* acontecem (GT, p. 139). Há algumas formas de *drag* que definitivamente *não* são subversivas, mas servem apenas para reforçar as estruturas de poder heterossexuais existentes – em *Bodies That Matter*, Butler cita a *performance* de Dustin Hoffman em *Tootsie* como um exemplo do que ela chama de "entretenimento hétero de luxo" (veja o capítulo 3 deste livro), e pode-se também citar o filme *Uma babá quase perfeita* (*Mrs. Doubtfire*), no qual Robin Williams realiza uma *performance* de travestimento como babá. Nenhuma dessas *performances* de *drag* é subversiva, uma vez que servem para reforçar as distinções existentes entre "macho" e "fêmea", "masculino" e "feminino", "gay" e hétero".

A questão sobre o que, em oposição à paródia de gênero corriqueira, constitui a paródia de gênero "subversiva" não é satisfatoriamente respondida na conclusão de *GT*, ("Da paródia à política"). Nesse capítulo final, ela afirma que *é* possível desfazer as bases comumente aceitas do gênero, esboçando *o que* essas repetições paródicas podem conseguir, sem sugerir exatamente *como* isso pode se dar. Na penúltima página de *GT*, ela faz uma afirmação igualmente problemática: "a tarefa não consiste na possibilidade de repetir, mas em como repetir ou, na verdade, em repetir e, através de uma radical proliferação do gênero, em *deslocar* as próprias normas de gênero que permitem a própria repetição" (GT, p. 148). Ela já havia dito que descrever a identidade como um efeito não implica afirmar que a identidade é "fatalmente determinada" ou "completamente artificial e arbitrária"; no entanto, às vezes tem-se a impressão de que o sujeito que ela descreve *está* de fato preso no interior de um discurso do qual não pode escapar ou o qual não pode alterar. Nesse caso, o "como repetir" já terá sido determinado antecipadamente e o que parece agência é simplesmente mais outro efeito da lei disfarçado de alguma outra coisa.

De qualquer maneira, essa não é certamente uma visão que Butler expresse, e ela parece otimista sobre as possibilidades de desnaturalizar, proliferar e deslocar as identidades para revelar a natureza construída da heterossexualidade. Uma proliferação de identidades revelará as possibilidades ontológicas que atualmente estão delimitadas por modelos fundacionais de identidade (isto é, aquelas teorias que supõem que a identidade simplesmente está *aí*, fixa e definitiva). Isso não significa, pois, "a morte do sujeito" ou, se significa, trata-se da morte teórica de um sujeito fixo, velho, e o nascimento de um sujeito novo, construído, caracterizado pela possibilidade subversiva e pela agência. "A construção não é oposta à agência, ela é a cena necessária da agência", afirma Butler (GT, p. 147; veja também CF, p. 15), e isso a leva a refutar outra suposição popular entre os críticos hostis às assim denominadas formulações "pós-modernas" da identidade: "a desconstrução da identidade não é a desconstrução da política; em vez disso ela estabelece como políticos os próprios termos através dos quais a identidade é articulada" (GT, p. 148). A identidade é intrinsecamente política, enquanto a construção e a desconstrução (observemos que elas não são antitéticas) são as cenas necessárias – de fato as *únicas* cenas – da agência. A subversão deve se dar desde o interior do discurso existente, pois isso é tudo o que existe.

Resta, entretanto, uma série de importantes questões. Já encontramos uma potencial dificuldade na tentativa de fazer uma distinção entre a paródia subversiva e a paródia corriqueira e ainda não respondemos à questão do que ou de quem exatamente está "fazendo" a paródia. Na verdade, se não existe nenhum sujeito pré-discursivo, será possível até mesmo simplesmente falar em termos de paródia e de agência, uma vez que ambas parecem pressupor um "eu", um fazedor por trás do feito? Quão útil é, afinal, a noção de gênero paródico? Ela revela realmente a falta de um original que está sendo imitado ou apenas chama a atenção para a facticidade da artista *drag*? Algumas dessas questões e críticas serão tratadas na próxima seção.

O problema com o problema do gênero[4]

Que a descrição que Butler faz da identidade de gênero tenha suscitado tantas questões é apenas um atestado de sua força. Além disso, pelo menos parte da importância de *GT* reside nos debates que o livro gerou entre filósofas feministas, sociólogas e teóricas do gênero, do sexo e da identidade. Em qualquer hipótese – quer o conceito de performatividade contribua para possibilitar a agência, quer contribua para impedi-la, quer ainda Butler tenha feito soar o toque de finados do sujeito –, essas teóricas continuarão a se preocupar com o seu significado. Em um debate com Butler, ocorrido em 1991 e publicado em 1995 como *Controvérsias feministas: um intercâmbio filosófico,* a filósofa política Seyla Benhabib argumenta que as apropriações feministas de Nietzsche, que Benhabib rotula de "tese da 'morte do sujeito'", só podem levar à autocontradição. Se não há identidade de gênero por trás das expressões de gênero, pergunta Benhabib, como podem as mulheres, então, mudar "as expressões" (aparentemente, ela quer dizer os "atos") pelas quais elas são constituídas? "Se nós não somos mais do que a soma total das expressões "generificadas" que encenamos [we perform], há alguma chance de interromper a encenação [performance] momentaneamente, deixar cair a cortina e fazê-la subir somente se tivermos voz na própria produção da peça?" (BENHABIB et al., 1995, p. 21). Butler afirma que o eu é um personagem de mascarada, escreve Benhabib, e "nós, agora, somos instadas a acreditar que não existe nenhum eu por trás da máscara. Considerando o quanto é frágil e tênue, em muitos casos, o sentimento de eu das mulheres, o quanto são erráticas e dispersas suas lutas por autonomia, essa redução da agência feminina a 'um fazer sem o fazedor' me parece, na melhor das hipóteses, transformar a necessidade em virtude" (BENHABIB et al., 1955, p. 22).

A afirmação de que o sujeito é necessário, pelo menos como uma ficção, tem sido feita por outras teóricas, que também, provavelmente, confundem "performatividade" com "performance". Na verdade, essa elisão leva Benhabib a supor que há uma entidade subjetiva escondida atrás da "cortina" – uma noção que sabemos ser rejeitada por Butler. Nossa autora reage a essas leituras incorretas (e por vezes literais) de Benhabib em seu ensaio "Para uma leitura atenta", que faz parte do livro Controvérsias feministas e no qual ela reprova a redução da performatividade à performance teatral.

Os sociólogos John Hood Williams e Wendy Cealy Harrison também questionam a afirmativa de Butler de que não há fazedor por trás do feito, embora a sua crítica esteja baseada numa compreensão mais clara de performatividade do que a de Benhabib. Ainda que pensem que é útil desconstruir a ideia do status ontológico do gênero, eles se perguntam se não estaria sendo criada uma nova ontologia, desta vez baseada no conceito igualmente fundacional de performatividade de gênero (Williams; Harrison, 1998, p. 75, 88). A crítica feminista Toril Moi alega, de forma similar, que Butler instaurou o "poder" como seu "deus" (1999, p. 47), e isso na verdade levanta a questão de saber se um sujeito essencial (estável, coerentemente sexuado e "generificado") não foi simplesmente substituído por outro (instável, performativo, contingente). Por outro lado, deveríamos levar em conta o argumento apresentado pela teórica feminista Teresa de Lauretis no seu livro *Tecnologias de gênero* (embora ela não se refira especificamente a Butler) (1987, p. 18). Segundo ela, a caracterização do poder como proliferante e autossubversivo contribui para desviar a atenção de sua natureza opressiva e violenta. Na mesma linha de raciocínio, tal como já discutimos, podemos especular que as teorias de Butler sobre as identidades de gênero melancólicas discursivamente construídas poderiam implicar que o sujeito que ela descreve é, tal como o sujeito lacaniano, negativamente caracterizado pela falta, pela perda e por sua sujeição a uma lei difusa e inevitável.

Hood Williams e Cealy Harrison também colocam em questão a decisão teórica de combinar a teoria dos atos de fala com a teoria psicanalítica, uma vez que, conforme argumentam, não há nada de citacional nos relatos psicanalíticos da identidade (1998, 90). Para uma teórica como Butler que está tão interessada na psicanálise, eles consideram curiosa a afirmação de que não há um "eu" por trás do discurso, uma vez que a psicanálise está centralmente preocupada com o "eu" e o processo de sua constituição (Williams; Harrison, 1998, p. 83). Além disso, eles descrevem a leitura que Butler faz de Freud como "idiossincrática" (1998, p. 85). Não são apenas esses dois sociólogos que questionam a acuidade da leitura que Butler faz de Freud: Jay Prosser, que trabalha com questões de corpo e sexualidade, chama a atenção, no livro *A segunda pele*, para uma citação equivocada de uma passagem-chave de Freud em *O ego e o id*, mais especificamente, a ideia de que o corpo é uma superfície fantasiada e uma projeção do ego. O livro de Prosser é uma "tentativa de reintroduzir a experiência corpórea individual nas teorias que lidam com 'o' corpo" (1998, p. 7). Para Prosser é, pois, crucial a questão de saber se o corpo é uma superfície fantasmática ou uma interioridade preexistente. Ao argumentar que, para os estudos *queer*, as formulações de identidade "transgenerificadas" são centrais (e que o indivíduo "transgenerificado" é efetivamente importante tanto para Butler quanto para Foucault), Prosser rejeita a noção de que o gênero é performativo, salientando que "há trajetórias 'transgenerificadas' e, em particular, trajetórias *transexuais*, que almejam aquilo que esse esquema (isto é, a performatividade) desvaloriza. Em outras palavras, há transexuais que buscam, muito pontualmente, ser não performativos, que buscam, em vez disso, ser constativos, que simplesmente buscam *ser* (1998, p. 32).

Butler trata de algumas dessas críticas no prefácio à segunda edição de *GT*, em que ela reconhece que a primeira edição do livro contém algumas omissões, em particular no que diz respeito ao transgênero, à intersexualidade, às "sexualidades racializadas" e aos tabus contra a miscigenação. Ela também admite que seu relato sobre a performatividade é incompleto e que, algumas vezes, ela não distingue a performatividade linguística da performatividade teatral, que agora ela vê relacionadas (GTII, p. xxvi, xxv).

O próximo livro de Butler, *Bodies That Matter*, continua no mesmo tom interrogativo, respondendo algumas das questões levantadas por *GT* e levantando novas e igualmente perturbadoras questões sobre a "matéria" do corpo, seu significado e sua "citação" no discurso.

Sumário

GT põe em questão a categoria do sujeito, na medida em que Butler se envolve numa crítica genealógica que analisa as condições da emergência do sujeito no discurso. Em suas discussões da homossexualidade e da heterossexualidade e suas mútuas construções dentro da lei, Butler coloca em ação teorias psicanalíticas, foucaultianas e feministas. As identidades heterossexuais são construídas em relação ao seu "Outro" homossexual, que é visto como abjeto, mas os heterossexuais melancólicos são assombrados pelos rastros desse "Outro" que nunca se torna definitivamente ou completamente abjeto. Isso significa que as identidades não são absolutamente tão héteros, legítimas ou únicas quanto aparentam, e podem subversivamente ser trabalhadas a contrapelo, a fim de revelar a natureza instável e ressignificável de *todas* as identidades de gênero. Algumas dessas práticas subversivas são esboçadas em *GT* e posteriormente analisadas em mais detalhe em seu próximo livro, *Bodies That Matter*.

3. O SEXO

A matéria da matéria[5]

Agora que terminou a leitura de *Gender Trouble* (*GT*), podemos dizer que você está completamente convencida de que o gênero é o efeito, e não uma causa do discurso; e bastante desconfiada da categoria "sujeito", pois sabe que ele é construído com base na exclusão brutal daqueles "Outros" que, de algum modo, não se conformam à matriz heterossexual. Embora você possa ter ficado incomodada com a ideia de que a identidade é intrinsecamente o resultado de uma relação de oposição, também extraiu algum alívio das possibilidades de agência e subversão que se abrem quando a dialética hegeliana (a ideia de que o sujeito é construído através da oposição) é complementada pelo modelo foucaultiano de poder (o poder como múltiplo, disperso, gerador de resistência). Perfeitamente ciente da diferença entre performatividade e *performance*, você se dispõe agora a imaginar formas pelas quais o seu gênero, que você saber ser uma série de atos discursivamente constituídos, poderia ser re-encenado a contrapelo da matriz heterossexual. Talvez você também esteja pensando na sua identidade de gênero melancólica e imaginando como poderia "fazer" seu gênero de um modo diferente para sinalizar os desejos que você teve que rejeitar a fim de se constituir como um sujeito estável. Talvez não seja exatamente uma boa ideia se apresentar amanhã no trabalho como uma *drag*, porém você está convencida de que deve haver atos performativos menos dramáticos mas que efetivamente chamem a atenção para a natureza constituída e construída do gênero.

Até aqui nenhum problema, exceto talvez pelo hábito desconcertante que pareço ter adotado de me dirigir diretamente a você. E você parece estar convencida quanto às conclusões que foram extraídas no domínio estrito do gênero, mas você pode perguntar: e a matéria do corpo? Uma coisa é argumentar que o gênero é construído, e não é preciso fazer muito esforço para concordar com Beauvoir que "ninguém nasce mulher: torna-se mulher". Mas Butler e Beauvoir certamente teriam de admitir que a ideia da "mulher"-como-construída − (ou, na verdade, também do "homem"-como-construído) − não pode ser estendida ao sexo propriamente dito, não é mesmo? Tudo bem, as pessoas não nascem "masculinas" ou "femininas", mas essas teóricas devem admitir que se nasce "macho" ou "fêmea", não é mesmo? Defender o contrário seria jogar fora o bebê metafórico (ou talvez, nesse caso, o bebê literal) junto com a água do banho. De fato, será que ninguém contou para Butler de onde vêm os bebês? Ou, como diz ela no prefácio de *Bodies That Matter (BTM)*, será que alguém não podia simplesmente tê-la chamado de lado para uma conversa? (BTM, p. x).

O corpo e o discurso

Na verdade, a afirmação feita por Butler de que os corpos são discursivamente construídos não deveria causar surpresa, pois ela já havia tratado da questão da "matéria" em seus dois artigos sobre Beauvoir, bem como num artigo anterior sobre Foucault ("Foucault and the Paradox of Bodily Inscriptions") e ainda em *GT*. Nesses trabalhos, Butler rejeita a distinção entre sexo e gênero, e em *GT* ela chega até mesmo a afirmar que sexo *é* gênero. Se aceitamos que o corpo não pode existir fora do discurso "generificado", devemos admitir também que não existe nenhum corpo que não seja, já e desde sempre, "generificado". Isso não significa que não exista essa coisa que é o corpo material, mas que só podemos apreender essa materialidade através do discurso. "Como um *locus* de interpretações culturais, o corpo é uma realidade material que já foi situada e definida em um contexto social", escreve Butler no artigo "O sexo e o gênero n'*O segundo sexo*, de Simone de Beauvoir"*,* no qual ela adota um tom existencialista. "O corpo é também a circunstância de termos de assumir e interpretar esse conjunto de interpretações que nos foram transmitidas. [...] "Existir" o próprio corpo se torna uma forma pessoal de lidar com a circunstância de termos de assumir e interpretar esse conjunto de normas de gênero que nos foram transmitidas" (SG, p. 45).

"Existir" o próprio corpo não é exatamente o mesmo que "ser" o próprio corpo, pois a primeira expressão sugere que temos certo grau de agência e de escolha quando se trata da matéria da matéria. Mas como isso é possível? E seria mesmo verdade que, tal como diz Butler, o gênero é um "modo de abraçar ou concretizar possibilidades, um processo de interpretar o corpo, dando-lhe uma forma cultural?" (SG, p. 36). O que significa dar uma forma cultural ao corpo? Certamente ele já tem uma forma, e não é verdade que a maioria de nós é obrigada a aceitar os corpos que já tem? Além disso, como os argumentos de Butler se aplicam ao contexto da "raça" e do "corpo racializado"?

BTM não é um livro sobre como mudar o corpo por meio de *piercings* ou de tatuagens, ou através de programas de perda ou ganho de peso: todas essas práticas, embora possam alterar bastante a forma e a aparência do corpo, se dão sobre um "terreno" que já está discursivamente traçado e constituído.

Muitos dos argumentos apresentados por Butler em *BTM* são desenvolvimentos de discussões que ela começou em *GT* e, em particular, de sua análise das conexões entre a performatividade e o corpo material. A performatividade merece uma explicação mais detalhada em *BTM*, no qual, com base em Derrida, Butler a vincula especificamente ao conceito de citacionalidade. A *performatividade* e a *citacionalidade*, assim como as teorizações de Butler sobre a interpelação, a significação e o discurso, serão tratadas nas seções que se seguem. Se *GT* é uma investigação genealógica da ontologia do gênero, então *BTM* poderia ser descrito como uma genealogia da construção discursiva dos corpos ou, como diz Butler, o livro é "uma reescrita pós-estruturalista da performatividade discursiva aplicada à questão da materialização do sexo" (BTM, p. 12). Butler tem o cuidado de enfatizar, ao longo de todas as suas análises, que a sexualidade e o sexo não precedem a "raça", e ela agora acrescenta "raça" à equação que dá contorno ao corpo (BTM, p. 18). Veremos o que acontece quando a "raça", o sexo e a sexualidade são lidos através do discurso, da performatividade e da citacionalidade (ou, na verdade, *como* discurso, performatividade e citacionalidade).

O livro

Muitos leitores consideram *Gender Trouble* confuso, difícil e denso, e possivelmente se sintam ainda mais desorientados com *Bodies That Matter*. Tal como *GT*, o livro não tem uma estrutura linear e não vai, "de forma lógica", de um conceito ao outro. Não há seções claramente demarcadas sobre temas-chave tais como performatividade, citacionalidade, ressignificação, e o índice remissivo lista apenas nomes próprios. Além disso, Butler parece fazer do ecletismo uma virtude: no início do livro ela diz que recorre a muitas e diversas "tradições de escrita" não para poder afirmar que um único imperativo heterossexual atravessa todas e cada uma delas, mas porque está buscando mostrar como o corpo instavelmente sexuado constitui um desafio para os limites da inteligibilidade simbólica (BTM, p. 16). Na verdade, parte do projeto político de Butler, em *BTM*, consiste em rastrear os limites da inteligibilidade discursiva de modo que possa, tal como em *GT*, chamar a atenção para aquelas identidades e corpos que, na atual situação, "pesam" e para aqueles que não "pesam".[6] Novamente, tal como em *GT*, ela argumenta que as identidades sexuadas são assumidas através da violenta rejeição e exclusão (ou "forclusão") das identidades que supostamente *não* pesam, isto é, que não contam no contexto de uma matriz heterossexual que tem interesse particular em manter sua própria estabilidade e coerência às custas de "outras" identidades.

Em suas discussões sobre o filme *Paris está em chamas*, de Jennie Livingston, e sobre o romance *Passando-se*, de Nella Larsen, Butler dá especial atenção ao que chama de "a racialização das normas de gênero" (BTM, p. 182). Ela insiste que o sexo, a sexualidade e o gênero não precedem a "raça", se bem que algumas vezes, como veremos, ela mesma pareça endossar essa primazia ao deixar de incluir a questão da "raça" em suas outras análises da formação-do-sujeito. Suas análises mais extensas sobre a questão da "raça" são apresentadas nos capítulos 4 e 6 de *BTM*, logo após suas discussões mais teóricas e abstratas sobre a interpelação, a significação e a performatividade. Por essa razão, considerarei a "raça" numa seção separada no final deste capítulo; não para endossar o privilégio concedido às questões de gênero, sexo e sexualidade, mas porque as análises de Butler sobre "raça" fazem pouco sentido fora dos quadros teóricos que antecedem sua discussão em *BTM*. Até aqui, venho colocando a palavra "raça" entre aspas para indicar que é um termo problemático, instável e nada evidente. Para não sobrecarregar o texto, daqui em diante dispensarei as aspas; mas não esqueçamos que aspas invisíveis devem circundar a palavra, aqui e em outras partes do livro.

Do mesmo modo que nos capítulos anteriores, não será possível apresentar análises detalhadas do amplo conjunto de filósofos de que Butler lança mão. Assim, nas seções que seguem irei me concentrar nos seguintes temas: a interpelação e o ato pelo qual se assume o sexo; a significação; o construtivismo; a performatividade; a questão da raça; a (re) citação e a subversão.

A interpelação e o ato pelo qual se assume o sexo

> *Birth, and copulation, and death.*
> *That's all the facts when you come to brass tacks.*
> (T.S. Eliot)
>
> [Nascimento, e copulação, e morte.
> São, ao fim e ao cabo, os únicos fatos.
> (T.S. Eliot)]

Essa afirmação é feita por Sweeney, o protagonista de *Sweeney Agonistes*, a peça inacabada de T. S. Eliot. Trata-se de uma redução brutal da existência a três substantivos ou "fatos", como se o nascimento e o sexo e a morte fossem os únicos eventos dos quais pudéssemos estar certos na vida e, até mesmo esses, Butler coloca em questão. Sua adoção da máxima de Beauvoir de que "ninguém nasce mulher: torna-se mulher" já havia complicado o "nascimento", e a detalhada análise do "sexo' que ela faz em *BTM* lança mais dúvidas aos "fatos" de Sweeney. Quanto à morte, esse não é um tema que Butler dedique um espaço importante em *BTM* (veja PROSSER, 1998, p. 55 e SI, para mais detalhes sobre a morte e o discurso em Butler).

Ao utilizar a palavra "sexo", Butler não está aludindo ao "intercurso sexual", mas à nossa identidade sexuada. A decisão de marcar M ou F num formulário qualquer depende da circunstância de termos uma genitália que seja reconhecidamente de macho ou de fêmea, e é com base nessa mesma circunstância que, ao nascer, a nossa identidade de sexo nos é atribuída. Falar em termos de "atribuição" de sexo já significa supor que ele não é "natural" ou dado, e na sua breve descrição do ato de "sexuação" que se dá na cena do nascimento, Butler se vale do conceito de *interpelação*. Escreve ela:

> Consideremos a interpelação médica que, não obstante a emergência recente das ecografias, transforma um bebê de um ser "neutro" num "ele" ou "ela": nessa nomeação, a menina *torna-se* menina, ela é trazida para o domínio da linguagem e do parentesco através da interpelação do gênero. Mas esse *tornar-se uma menina* não termina aí; pelo contrário, essa interpelação fundante é reiterada por várias autoridades e, ao longo de vários intervalos de tempo, para reforçar ou contestar esse efeito naturalizado. A nomeação é, ao mesmo tempo, o estabelecimento de uma fronteira e também a inculcação repetida de uma norma (BTM, p. 7-8).

Quer se dê antes do nascimento, através de uma ultrassonografia, quer quando o bebê nasce, a interpelação do sexo e do gênero ocorre assim que o sexo de uma pessoa é anunciado: "É uma menina/menino!". Uma das definições do dicionário para o verbo "interpelar" indica que se trata da ação de chamar alguém, uma convocação, citação ou intimação, mas Butler usa "interpelação" num sentido especificamente teórico para descrever como as posições de sujeito são conferidas e assumidas através do ato pelo qual a pessoa é chamada (no sentido de "atrair a atenção"). Adaptando a afirmação de Beauvoir, antes citada, poderíamos dizer que "Não se nasce mulher, se é chamada de mulher". Butler extrai essa ideia do ensaio de Althusser, "Ideologia e aparelhos ideológicos de Estado", no qual ele usa o termo interpelação para descrever o ato pelo qual uma pessoa é "chamada" (no sentido de "atrair a atenção") por uma autoridade, assumindo, assim, sua posição ideológica. Althusser dá o exemplo de um policial gritando "Ei, você!" para um homem [*sic*] na rua. Ao gritar, o policial interpela o homem como um sujeito e, ao se voltar, o homem assume sua posição como tal. "Por essa simples conversão física de 180 graus, ele *se torna sujeito*", escreve Althusser. "Por quê? Porque ele reconheceu que a interpelação se dirigia "efetivamente" a ele, e que 'era *de fato ele* quem era interpelado' (e não um outro). [...] A existência da ideologia e a interpelação dos indivíduos como sujeitos são uma única e mesma coisa" (ALTHUSSER, 1980, p. 100).

Há uma variedade de formas pelas quais as pessoas são interpeladas pela ideologia e não é preciso um policial na rua gritando "Ei, você!" para a pessoa ser constituída como sujeito. Na verdade, um exemplo de interpelação (relativamente benigna) aconteceu no primeiro parágrafo deste capítulo quando me dirigi a você, leitora, diretamente, escrevendo como se a conhecesse e soubesse o que você leu e o que pensou sobre o que leu. Ao fazer isso, eu a estava interpelando, tanto literalmente ao me dirigir a você (como estou fazendo agora) quanto, num sentido althusseriano, ao inseri-la num papel preconcebido, seja do ponto de vista teórico, seja como leitora ("Você leu *GT*, não foi? E você o compreendeu/concordou com ele, não é mesmo?"). Ao fazer tais suposições, estou efetivamente constituindo-a como sujeito – neste contexto específico, como um sujeito *leitor*, que não só está familiarizado com *GT* e todos os seus argumentos, mas que também concorda com eles. Um exemplo literário de interpelação acontece no romance de Thomas Hardy, *Tess dos d'Urbervilles*, que tem como subtítulo "Uma mulher pura". No romance, Angel Clare interpela Tess como "pura" num sentido moral, ao pressupor que ela é uma virgem inocente que não conhece os homens, e se poderia argumentar que ela, por sua vez, constrói a si mesma de acordo com esse modelo de feminilidade "apropriada", até que essa construção se torne insustentável.

É importante dizer, entretanto, que a interpelação não pode ser unilateral; para que ela seja efetiva, você tem de se reconhecer como o sujeito que é metaforicamente "interpelado" pelo ato de se voltar – a "simples conversão física de 180 graus" de Althusser. Se lido literalmente, o exemplo de Butler, do bebê que se torna sexuado quando é proclamado como menina ou menino ao nascer, ou até mesmo antes, não funciona, pois (tanto quanto sabemos) um feto ou um bebê não pode "se voltar" e se reconhecer quando alguém diz "É uma menina!" ou "É um menino!". Essa objeção não é um simples pormenor, uma vez que Butler atribui grande importância ao reconhecimento e à resposta do sujeito à lei no capítulo sobre a interpelação no livro *The Psychic Life of Power*. Sua análise sobre o reconhecimento e sobre aquilo que ela chama de "a doutrina da interpelação" de Althusser será tratada no capítulo 5 deste livro.

Teorizar o sexo em termos de interpelação, como faz Butler, implica que as partes do corpo (particularmente o pênis e a vagina) não estão simples e naturalmente "aí", do nascimento em diante, mas que o sexo é performativamente constituído quando um corpo é categorizado como "macho" ou como "fêmea" (trataremos da questão da performatividade em seção posterior; veja também o capítulo 2). Butler dedica algum tempo, no quarto capítulo de *BTM* ("Gênero em chamas: questões de apropriação e subversão"), à discussão de como as posições de sujeito são assumidas em reação ao que ela chama de "repreensão" da lei – isto é, a interpelação do policial. Diferente de Althusser, que vê essa interpelação como "um ato unilateral", Butler argumenta que a interpelação não é "um simples performativo", em outras palavras, a interpelação nem sempre coloca efetivamente em ação o que nomeia, e o sujeito pode reagir à lei de maneira que a enfraqueça. Na verdade, a própria lei proporciona as condições para a sua subversão (BTM, p. 122).

Butler reconhece que os atos de desobediência devem se dar sempre *no interior* da lei, fazendo uso dos termos que nos constituem: temos de reagir à interpelação do policial, caso contrário, não teríamos nenhum *status* de sujeito, mas o *status* de sujeito que necessariamente abraçamos constitui o que Butler chama – tomando o termo de empréstimo à escritora Gayatri Chakravorty Spivak – de "violação habilitante". O sujeito ou o "eu" que se opõe à sua construção nela se apoia e deriva sua agência do fato de estar implicado nas mesmas estruturas de poder às quais tenta se opor. Os sujeitos estão sempre implicados nas relações de poder. Mas, uma vez que eles também são habilitados por elas, eles não estão simplesmente subordinados à lei (BTM, p. 122-3).

Se é verdade que, em vez de simplesmente nascermos "mulher", somos chamadas a assumir o nosso sexo, então deve ser possível assumir o sexo de maneira a desestabilizar a *hegemonia heterossexual*. A "hegemonia" refere-se às estruturas de poder no interior das quais os sujeitos são constituídos por meio da coerção ideológica e não da coerção física (deve-se o termo "hegemonia" ao filósofo marxista italiano Antonio Gramsci). Uma menina não nasce menina, mas é "tornada menina", para usar a expressão de Butler, ao nascer, ou até mesmo antes, com base no fato de possuir um pênis ou uma vagina. Essa é uma distinção arbitrária, e Butler argumenta que as partes sexuadas do corpo são *investidas* de significado e, consequentemente, os bebês também poderiam ser diferenciados uns dos outros com base em outras partes – o tamanho das orelhas, a cor dos olhos, a flexibilidade da língua. Longe de ser neutra, a percepção e a descrição do corpo ("É uma menina!", etc.) é um enunciado interpelativo performativo, e a linguagem que parece simplesmente descrever o corpo, na verdade, o constitui. De novo, Butler não está refutando a "existência" da matéria, mas insiste que a matéria não pode ter nenhum *status* fora de um discurso que é sempre constitutivo, sempre interpelativo, sempre performativo. Retornaremos mais adiante ao corpo percebido – o que se poderia chamar de uma fenomenologia das partes do corpo – quando considerarmos as discussões de Butler sobre Lacan.

O discurso e a significação

A ideia de que o sexo é um efeito e não uma causa e, mais do que isso, um efeito repetido, você a conhece desde que comentamos *GT*, livro no qual Butler desenvolve o argumento de que o gênero é "a estilização repetida do corpo, um conjunto de atos repetidos no interior de um quadro regulatório altamente rígido que se cristaliza ao longo do tempo para produzir a aparência de substância, de uma espécie de ser natural" (GT, p. 33). Em *BTM*, Butler desenvolve o mesmo argumento para demonstrar como o corpo aparentemente "natural" não é mais do que "um efeito naturalizado" do discurso. Trata-se do *corpo como significado e como significação*, um corpo que só pode ser conhecido por meio da linguagem e do discurso – em outras palavras, um corpo que é construído linguística e discursivamente. É por essa razão que "sexo" aparece entre aspas: para assinalar seu vínculo com o processo de significação e sua suscetibilidade à *re*significação.

No primeiro capítulo de *BTM*, Butler insiste em destacar aquilo que chama de "a indissolubilidade entre [...] a materialidade e a significação" – o corpo é significado na linguagem e não tem lugar fora de uma linguagem que é, *ela própria*, matéria. E ela se pergunta se a linguagem funciona como simples meio de referência da materialidade ou se é a sua própria condição (BTM, p. 31). Butler retorna a essa questão no capítulo seguinte de *BTM,* no qual continua a enfatizar a materialidade da linguagem e a natureza linguística da materialidade: "linguagem e materialidade não são opostas, pois a linguagem tanto é material quanto se refere ao que é material, e aquilo que é material nunca escapa completamente do processo pelo qual é significado" (BTM, p. 68; veja também MOI, 1999, p. 49).

O termo "materialização" condensa a ideia de que o corpo é um processo temporal que se dá repetidamente na linguagem, que é, *ela própria*, material (o corpo é, como afirma ela no artigo anteriormente citado, uma *situação*). O corpo, como diz Butler na introdução de *BTM*, é *"um processo de materialização que se estabiliza ao longo do tempo para produzir o efeito de limite, fixidez e superfície que chamamos de matéria"* (BTM, p. 9; ênfase da autora). Tal como o gênero, o sexo se estabiliza ou se "cristaliza" sob a aparência de uma realidade ou de um "fato natural", mas aceitar a "realidade" do sexo (que não é absolutamente realidade alguma) seria permitir que aquilo que Butler chama agora de hegemonia heterossexual continue indisputável. Por outro lado, uma análise genealógica do sexo desconstruirá o corpo para mostrar o que (e como) suas diferentes partes vieram a significar, e ainda o que (e como) elas podem vir a *re*ssignificar.

O construtivismo e os seus desafetos

Poderíamos ser tentados a classificar Butler como uma "construtivista radical", colocando-a na posição de quem sustentaria simplesmente (e talvez obstinadamente) que tudo é linguagem, que tudo é discurso – em outras palavras, que tudo, incluindo o corpo, é *construído*. Butler diz, entretanto, que essa descrição distorce o escopo de uma abordagem desconstrutivista, a qual não pode ser reduzida à afirmação de que "tudo é discursivamente construído" (BTM, p. 6). Desconstruir significa admitir e analisar as operações de exclusão, de rasura, de violenta forclusão, de abjeção e seu inquietante retorno, presentes na construção discursiva do sujeito (BTM, p. 8). Tal como em *GT*, nos encontramos no interior de uma matriz dialética, mas agora é o "sexo" que é atribuído e assumido com base na oposição e na exclusão violenta. Novamente, tal como antes, Butler vai descrever as identidades sexuadas em termos de suas estruturas melancólicas (a "abjeção" e o "inquietante retorno" na frase anteriormente citada) uma expressão que remete à ideia de que, para assegurar uma identidade heterossexual coerente, um desejo homossexual primário deve ser superado.

Ao problematizar as percepções do "construtivismo", Butler responde implicitamente a muitas das críticas que são feitas a *GT*. Falar do gênero ou do sexo como uma "construção" pode provocar a questão: "Bem, então quem ou o que está realizando a construção?" Ela clarifica esse ponto ao afirmar que a construção não é "um processo unilateral iniciado por um sujeito preexistente"; o discurso ou o poder tampouco são atos singulares que podem ser personificados ou atribuídos a um agente singular (tanto em *BTM* quanto em *The Psychic Life of Power*, Butler critica Althusser por caracterizar o poder precisamente dessa forma). De forma importante, Butler adota a conceptualização de Foucault sobre o poder, vendo-o como indeterminado, múltiplo e disperso, uma descrição que encontramos em *GT*, quando ela diz que "tampouco seria correto afirmar que o termo 'construção' diz respeito ao lugar gramatical do sujeito, pois a construção não é nem um sujeito nem a sua ação, mas um processo de reiteração em virtude do qual tanto os 'sujeitos' quanto as 'ações' acabam, de alguma maneira, por se mostrar. Não existe nenhum poder que age, mas apenas um agir reiterado, que é o poder em sua persistência e instabilidade" (BTM, p. 9).

Algumas interpretações equivocadas de Foucault argumentam que ele tende a personalizar o poder, mas ele não descreve o poder como um sujeito que "age" nem pressupõe a existência de um fazedor por trás do feito. Na frase final do parágrafo anterior, o "agir reiterado" não tem um sujeito gramatical que o preceda, de modo que o que temos é uma sequência de ações que se cristalizam ao longo do tempo para produzir a aparência de um agente estável, *poderoso*. O sexo é efeito do poder, mas não há um agente singular exercendo tal poder, e o poder não pode ser personalizado. Tal como em *GT*, devemos deixar de procurar (ou examinar) o "fazedor" para nos concentrar no "feito": em outras palavras, devemos analisar os *efeitos* e não as causas de um poder que é caracterizado como múltiplo, indeterminado e disperso. É nesse sentido que as críticas reducionistas que se valem do rótulo "construtivismo radical" distorcem o escopo de uma abordagem como a de Butler, pois elas supõem que haja alguém por trás da construção, ao passo que, através de uma inversão da cadeia de causa e efeito ("o sujeito exerce o poder" vs. "o poder exerce o sujeito"), Butler teoriza o gênero e o sexo como sendo performativos. Antes de discutirmos o sexo performativo, precisamos examinar as discussões que Butler faz sobre os corpos foucaultianos, freudianos e lacanianos.

Freud, Lacan e o falo lésbico

Quase ao final do capítulo 2 de *BTM,* ("O falo lésbico e o imaginário morfológico"), Butler afirma que o falo lésbico determina o desaparecimento do pênis, instaurando, assim, a diferença sexual e anatômica como o local daquilo que ela chama de "ressignificações proliferativas" (BTM, p. 89). Para onde vão os pênis quando desaparecem e, afinal, o que é exatamente um falo lésbico? Qualquer pessoa tem um falo lésbico ou apenas as lésbicas? No caso da primeira hipótese, o que devemos fazer com ele? E o que é ou onde está o imaginário morfológico?

Comecemos pela última questão e consideremos as expressões do título desse capítulo do livro de Butler – "morfológico" e "imaginário"; deixaremos o falo lésbico para mais tarde, um adiamento que certamente agradaria a Butler, uma vez que o falo é um símbolo deslocado (embora ela também afirme que o falo é "sempre, de algum modo, insatisfatório", de maneira que é melhor não criarmos muitas expectativas) (BTM, p. 57). O dicionário define "morfologia" como "a ciência da forma" e, nas descrições psicanalíticas em foco, "morfológico" refere-se à forma assumida pelo corpo no curso da formação do ego. "Imaginário" nesse contexto não significa simplesmente "imaginação" ou "imaginado", mas é parte da distinção feita por Lacan entre *o imaginário, o simbólico e o real:*

- *o imaginário* é o domínio das imagens e das fantasias conscientes e inconscientes;
- *a ordem simbólica* refere-se à linguagem, ao sistema no qual o bebê é compelido a entrar ao abandonar o imaginário; e
- *o real* é o que fica fora do simbólico e dos limites do discurso.

Num capítulo posterior de *BTM,* Butler coloca em questão a existência do "real". No capítulo que estamos discutindo, ela coloca por terra a distinção entre o simbólico e o imaginário, feita por Lacan (BTM, p. 79; veja também CS). Naquilo que denomina de uma reescrita do imaginário morfológico, Butler descreve como (e o que) certas partes do corpo vêm a significar à medida que o corpo adquire sua imagem corporal e sua morfologia. Tal como em *GT,* Butler cita o argumento de Freud de que "o ego é, primeiramente e acima de tudo, um ego corporal" (BTM, p. 59), mas em *BTM,* ela observa que Freud parece hesitar entre teorizar as partes do corpo como reais ou como imaginadas. O sujeito freudiano vem a conhecer seu corpo por meio da dor, e parece que para Freud *há*, na verdade, um corpo que precede a percepção do ego sobre o corpo (a leitura que Butler faz de Freud sobre esse ponto é discutível, tendo sido criticada por Prosser (1998, p. 40-41))."Embora a linguagem utilizada por Freud implique uma temporalidade causal que dá a entender que a parte do corpo em questão precede a sua 'ideia', ele confirma a indissolubilidade entre uma determinada parte do corpo e a divisão fantasmática que a leva à experiência psíquica", afirma Butler (BTM, p. 59). Em outras palavras, uma determinada parte do corpo e a imaginação dessa parte (a "divisão fantasmática" do corpo) são inseparáveis, de modo que "o corpo fenomenologicamente acessível" (isto é, o corpo que é cognoscível por ser percebido) e o corpo material são uma única e mesma entidade.

Lacan afasta-se da concepção de corpo de Freud, ou seja, o corpo como algo que se conhece através da experiência (mais especificamente, a experiência da dor), para desenvolver uma análise do corpo tal como ele é significado na linguagem. Butler vê esse movimento como uma "reescrita" de Freud, pela qual Lacan teoriza a morfologia do corpo como uma projeção e idealização psiquicamente investidas (BTM, p. 73). A morfologia ou a forma corporal de alguém é fantasiada por um ego que não precede exatamente o corpo, uma vez que "o ego *é* essa projeção e [...] é invariavelmente um 'ego' corporal" (BTM, p. 73). Em outras palavras, o corpo e o ego não podem ser teorizados separadamente, uma vez que eles são projeções simultâneas um do outro. Nesse corpo fantasiado, determinadas partes adquirem significado. Butler deixa à mostra, aqui, o masculinismo de Lacan ao instaurar o falo como o significante corporal privilegiado, argumentando que é possível se apropriar do falo e recolocá-lo em circulação de modo que ele não esteja mais necessária e intrinsecamente ligado ao pênis.

Butler concentra-se em dois ensaios importantes de Lacan, "O estágio do espelho como formador da função do eu tal como nos é revelada na experiência psicanalítica" (1949) e "A significação do falo" (1958). Em "O estágio do espelho", Lacan afirma que o bebê adquire a noção de sua integridade corporal quando percebe seu reflexo no espelho. Até esse momento, a autopercepção do bebê sobre seu corpo tinha sido caótica, confusa, fragmentada, ou seja, aquilo que Lacan chama de "*hommelette*", mas quando vê seu reflexo, ele adquire uma ideia de seus contornos corporais e de sua diferenciação em relação aos outros. Butler argumenta que, na descrição lacaniana do corpo, não são experiências como o prazer e a dor que constituem o corpo, mas *a linguagem*. Isso porque o estágio do espelho coincide com a entrada do bebê na linguagem e na ordem simbólica.

A linguagem não nomeia simplesmente um corpo pre-existente: no ato de nomeação ela constitui o corpo. E, neste momento, seria útil lembrar a definição de performatividade como aquele aspecto do discurso que tem o poder de pro-duzir o que nomeia, mesmo que aqui Butler não se refira especificamente a esse conceito. Ela menciona "a performa-tividade do falo" apenas de passagem ("brevemente", como ela mesma reconhece), mas na sua discussão do falo lésbico fica claro que tanto o pênis quanto o falo são retroativamente construídos pelo discurso e no discurso – em outras palavras, eles são performativos.

Quanto à questão do falo, Butler e Lacan tomam cami-nhos teóricos diferentes (embora, até agora, eles pareçam, em geral, ter estado de acordo): enquanto Lacan instaura o falo como o significante privilegiado que confere sentido a todos outros significantes corporais, Butler considera o falo como "o efeito de uma cadeia significante sumariamente suprimi-da" – em outras palavras, ele não tem um *status* privilegiado ou inaugural numa cadeia significante que não se mostra, ela própria, evidente (BTM, p. 81). Lacan e Butler convergem, entretanto, num ponto: pênis e falo não são sinônimos, uma vez que o falo é o que Butler chama de "a reescrita fantasmática de um órgão ou de uma parte do corpo" (BTM, p. 81). Dito de modo mais simples, o falo é o *símbolo* do pênis, ele não é o próprio pênis.

O embate que Butler trava com a teorização de Lacan sobre o falo centra-se na significação e na simbolização tanto do pênis quanto do falo. Enquanto Lacan afirma a primazia do significante fálico, Butler destrona o falo da posição privilegiada em que Lacan o coloca. A desconexão entre o falo e o pênis é crucial para Butler, pois, se o falo não é mais do que um símbolo, então ele pode simbolizar igualmente qualquer outra parte do corpo, e quem não "tem" nem "é" o falo (uma distinção importante tanto para Butler quanto para Lacan) pode "reterritorializar" esse símbolo de forma subversiva (BTM, p. 86). A disjunção entre o significante (o falo) e o referente (o pênis) permite a Butler subtrair o falo do domínio exclusivamente masculino e pôr abaixo a distinção entre "ser" e "ter": de fato, *ninguém* "tem" o falo, uma vez que ele é um símbolo. Além disso, desconectar o falo do pênis possibilita que ele possa ser realocado por quem não tem o pênis.

"Ser" e "Ter" o falo

Conforme Lacan, um momento decisivo no desenvolvimento sexual ocorre quando o bebê percebe que a mãe deseja um falo que ela não possui. "A criança deseja ser o falo para satisfazer tal desejo", escreve Lacan, mas enquanto o menininho efetivamente "tem" o falo, a menininha deve "ser" o falo para um outro (quando ela crescer isso incluirá seu parceiro masculino que deseja o corpo fálico dela). Para Lacan, é isso que diferencia os sexos: enquanto "ter" o falo parece absolutamente não problemático para o afortunado menino, "ser" o falo requer um sacrifício da feminilidade por parte da menina:

> "para ser o falo, isto é, o significante do desejo do Outro [...], a mulher vai rejeitar uma parcela essencial da feminilidade, nomeadamente todos os seus atributos na mascarada. É pelo que ela não é que ela pretende ser tão desejada ao mesmo tempo que amada" (LACAN, 1998, p. 701).

"A questão, obviamente, consiste em saber por que se supõe que o falo requer essa particular parte do corpo para simbolizar, e por que ele não poderia operar através da simbolização de outras partes", escreve Butler, e argumenta que a capacidade de "deslocamento" do falo, sua aptidão para simbolizar outras partes do corpo ou outras coisas similares ao corpo que não o pênis, é que torna possível o falo lésbico (BTM, p. 84). As mulheres tanto podem "ter" como "ser" o falo, o que significa que elas podem ter inveja do pênis e um complexo de castração ao mesmo tempo; além disso, uma vez que "a parte anatômica nunca é comensurável com o próprio falo", os homens podem ser movidos tanto pela ansiedade da castração quanto pela inveja do pênis, ou antes, pela "inveja do falo" (BTM, p. 85).

O falo é um "fantasma transferível", "um efeito imaginário" (BTM, p. 88), parte de uma morfologia imaginada (ou um "imaginário morfológico") que pode ser apropriado e transformado para significar/simbolizar diferentemente. Essas "reterritorializações agressivas" (BTM, p. 86) desprivilegiam o falo tanto como símbolo quanto como significante, bem como revelam seu *status* no interior de um esquema corporal, o qual, assim como a linguagem, consiste em uma cadeia significante ressignificável, sem qualquer "significado transcendental" em sua origem. Butler explora ao máximo essa possibilidade de ressignificação na sua atribuição do falo a outras partes do corpo: "Consideremos que 'ter' o falo' pode ser simbolizado por um braço, uma língua, uma mão (ou duas), um joelho, um osso pélvico, uma série de coisas similares ao corpo e deliberadamente instrumentalizadas", escreve ela. "Os atos que desprivilegiam o falo e o subtraem da forma normativa de troca heterossexual e, ao mesmo tempo, reciclam-no e tornam a privilegiá-lo entre as mulheres utilizam o falo para romper a cadeia significante na qual ele convencionalmente opera" (BTM, p. 88).

Butler afirma que o falo é um significante "maleável" que, "imprevistamente", pode ser usado para simbolizar qualquer conjunto de partes do corpo, performativos discursivos ou fetiches alternativos (BTM, p. 89). E, apesar disso, parece que o falo continua um tanto esquivo, uma vez que Butler não especifica exatamente como tais ressignificações podem se dar "imprevistamente", ou por que as mulheres iriam *querer* transformar seus braços, línguas, mãos, ossos pélvicos, etc. em significantes fálicos. O potencial subversivo do falo ressignificável reside na insistência feita por Butler de que você não precisa ter um pênis para ter ou ser um falo e que ter um pênis não significa que você terá ou será um falo. "O falo lésbico proporciona uma oportunidade (uma série de oportunidades) para o falo significar de maneiras diferentes e, ao fazê-lo, ressignificar, involuntariamente, seu próprio privilégio masculinista e heterossexista", escreve ela (BTM, p. 90).

Mais uma vez, voltamos à ideia de que, antes de ser destino, a anatomia é discurso ou significação, o que implica que o corpo pode ser ressignificado de forma a desafiar a hegemonia heterossexual em vez de confirmá-la. Na conclusão do capítulo 2 de *BTM*, Butler diz que não está sugerindo que uma nova parte do corpo é exigida, uma vez que ela não vem falando sobre o pênis enquanto tal; em vez disso, ela defende o deslocamento da hegemonia heterossexual simbólica da diferença sexual e a livre circulação de esquemas imaginários alternativos de prazer erógeno (BTM, p. 91). Parece que, na verdade, Butler arrebatou do controle discursivo de Lacan esse significante até então privilegiado (BTM, p. 82-3), mas o falo lésbico que ela "oferece" na sua descrição de esquemas corporais alternativos (BTM, p. 90) estará igualmente disponível à apropriação e à ressignificação por quem não se identifica como "lésbica". Na verdade, podemos justamente nos perguntar sobre quem pode "ter" e "ser" um falo lésbico que é presumivelmente vulnerável à reterritorialização subversiva por homens os quais, entre outros complexos, também podem sofrer da "inveja do falo lésbico".

Exercendo o falo lésbico

O falo lésbico não é um dildo, nem tampouco algo que se guarda na gaveta da escrivaninha (veja GB, p. 37). O *imaginário morfológico* é a forma que o corpo adquire por meio de projeções imaginadas ou fantasiadas, e a reescrita que Butler faz do imaginário morfológico de Lacan desloca o falo de sua posição significante privilegiada. Ao argumentar que o pênis e o falo não são sinônimos, Butler mostra como o falo pode ser "reterritorializado" por pessoas que não têm pênis. Isso se dá porque o falo é o símbolo de uma parte do corpo cuja ausência ou "desaparecimento" ele significa. Desconectar o signo (falo) do referente (pênis) dessa forma permite a Butler deslocar o privilégio que Lacan atribui a esse significante fálico. "Evidentemente também há uma brincadeira na expressão 'o falo lésbico' porque ter o falo, em Lacan, é também controlar o significante", afirma Butler numa entrevista. "É escrever e nomear, autorizar e designar. Então, de certo modo, estou exercendo o falo lésbico ao apresentar minha crítica à estrutura lacaniana. Trata-se de uma espécie de modelo para a autoria lésbica. Trata-se de uma paródia" (GP, p. 37).

Corpos performativos

Na seção anterior, observamos Butler aludir à questão da performatividade do falo. Além disso, vimos, em detalhes, a descrição que ela faz de um corpo discursivamente construído, que não pode, pois, ser desvinculado dos atos linguísticos que o nomeiam e o constituem. Voltamo-nos agora para a afirmação que ela faz na introdução a *BTM* de que, quando se trata da matéria dos corpos, a *declaração constatativa é, sempre, em alguma medida, performativa* (BTM, p. 11). Lembremos da interpelação do policial que chama o homem na rua, ou do médico ou da enfermeira que exclama "É uma menina!" quando a imagem de um feto é vista numa tela. Agora, vamos retroceder ao capítulo 2, no qual situei as formulações que Butler faz sobre as identidades performativas no contexto das teorias linguísticas de J. L. Austin. Em *BTM*, Butler, mais uma vez, recorre a essas conferências sobre linguística feitas por Austin e registradas no livro *Como fazer coisas com as palavras*. Austin traça uma distinção entre dois tipos de enunciados: aqueles que descrevem ou relatam algo, e aqueles que, ao dizer, realizam efetivamente o que está sendo dito. Um exemplo dos primeiros, que Austin chama de *enunciados constatativos*, poderia ser a afirmação, "É um dia ensolarado", ou "Fui às compras" (Austin também chama esses enunciados de *atos perlocutórios*); quando digo "Fui às compras", não estou fazendo isso, estou simplesmente relatando um acontecimento. Por outro lado, se sou um homem heterossexual diante de um escrivão num cartório de registros e digo sim em resposta à pergunta "Aceita esta mulher como sua esposa?", estou realmente, ao fazer o enunciado, realizando a ação em tela: afirmações como essas são chamadas de *enunciados performativos* ou *atos ilocutórios*. "Batizar o navio *é* dizer (em circunstâncias apropriadas) as palavras 'Eu batizo...'. Quando digo, diante do escrivão ou do altar, 'Sim', não estou fazendo um relato sobre um casamento, estou passando pela experiência do casamento" (AUSTIN, 1955, p. 6).[7]

Declarar, como faz Butler, que o sexo é sempre ("em alguma medida") performativo é declarar que os corpos não são meramente descritos; eles são sempre constituídos no ato da descrição. Quando o médico ou a enfermeira declara "É uma menina!" ou "É um menino!" não está simplesmente relatando o que vê (esse seria um enunciado constatativo), mas está, efetivamente, atribuindo um sexo e um gênero a um corpo que não pode ter existência fora do discurso. Em outras palavras, aquele enunciado é performativo. Butler volta à cena do nascimento ou da imagem do ultrassom no último capítulo de *BTM*, "Criticamente queer", no qual, tal como antes, ela argumenta que o discurso precede e constitui o "eu", isto é, o sujeito:

> Na medida em que a nomeação da "menina" é transitiva, isto é, em que ela inicia o processo pelo qual é imposto um certo "tornar-se menina", o termo ou, mais precisamente, o seu poder simbólico, determina a formação de uma feminilidade corporalmente encenada que nunca preenche plenamente a norma. Essa é, entretanto, uma "menina" que está obrigada a "citar" a norma para se qualificar e se manter como um sujeito viável. A feminilidade não é, então, a consequência de uma escolha, mas a citação forçada de uma norma, cuja complexa historicidade é indissociável de relações de disciplina, regulação, punição (BTM, p. 232).

"É uma menina!" não é um enunciado de um fato, mas uma interpelação que inicia o processo de "tornar-se menina", um processo baseado em diferenças percebidas e *impostas* entre homens e mulheres, diferenças que estão longe de ser "naturais". Para demonstrar as operações performativas de interpelação, Butler cita uma tira de *cartoon* na qual um bebê tem seu lugar atribuído no sistema sexo-gênero através da exclamação "É uma lésbica!". "Longe de ser uma piada essencialista, a apropriação *queer* do performativo imita e denuncia tanto o poder vinculante da lei, que impõe a heterossexualidade, quanto a *sua 'expropiabilidade'*", escreve Butler

(BTM, p. 232; ênfase da autora). Retornaremos à questão da "expropiabilidade" e à citação em breve, mas o que importa destacar agora é que, uma vez que as diferenças sexuais e de gênero são performativamente instauradas pelo discurso e no discurso, poderia ser possível designar ou conferir a identidade com base num conjunto alternativo de atributos discursivamente constituídos. Evidentemente, anunciar que uma criança de berço é lésbica não é um ato de descrição neutra, mas um enunciado performativo que interpela a criança como tal. "É uma menina!" funciona exatamente do mesmo modo: é um enunciado performativo que obriga a "menina", daí em diante, a citar tanto as normas sexuais quanto as normas de gênero para se qualificar como sujeito no interior da matriz heterossexual que a "saúda" como tal.

"É em termos de uma norma que obriga a certa 'citação' para que um sujeito viável seja produzido que a noção de performatividade de gênero precisa ser repensada", declara Butler (BTM, p. 232). O termo "citação", destacado entre aspas na afirmação de Butler, tem sido usado ao longo de *BTM* num sentido especificamente derridiano, que tanto o diferencia quanto o alinha à performatividade. A citação das normas de sexo e gênero serão tratadas na próxima seção.

Signos citacionais

Na seção anterior, mencionei a afirmação de Butler de que a feminilidade não é uma escolha, mas a citação forçada de uma norma. O que significa, exatamente, citar o sexo ou o gênero, e como Butler usa esse termo em *BTM?* As definições que o dicionário Oxford dá para o verbo "citar" ["*to cite*"] revelam interessantes ligações etimológicas com a interpelação (embora Butler não registre essas conexões). A palavra vem do latim *citare*, pôr em movimento ou chamar, e seus sentidos são listados como: (1) intimar oficialmente para se apresentar numa corte de justiça; (2) convocar ou incitar; (3) citar ["*to quote*"]; (4) aduzir prova; (5) trazer à mente, mencionar, referir a. A terceira, a quarta e a quinta definições do dicionário estão mais próximas do uso que Butler faz do termo, mas "intimar" também aponta para os vínculos teóricos entre citação e interpelação.

Butler usa "citação" num sentido especificamente derridiano para descrever as formas pelas quais normas ontológicas são empregadas no discurso, algumas vezes de modo forçado, outras não. O ensaio de Derrida "Assinatura, acontecimento, contexto" é uma réplica à declaração de Austin de que enunciados performativos são "bem-sucedidos" apenas se se mantêm dentro dos limites do contexto e da intenção do autor. De acordo com Austin, para uma afirmação ter força performativa (em outras palavras, para que possa realizar o que nomeia), ela deve: (1) ser enunciada pela pessoa designada para fazê-lo e num contexto apropriado; (2) observar determinadas convenções; e (3) levar em conta a(s) intenção (intenções) do enunciador. Por exemplo, se um neurocirurgião se coloca no altar de uma igreja diante de duas pessoas do mesmo sexo e proclama "eu vos declaro marido e mulher", a afirmação não terá força performativa no sentido austiniano, já que supomos que o neurocirurgião não foi ordenado padre e, portanto, não está autorizado a casar o par. Do mesmo modo, um padre que murmure "eu vos declaro marido e mulher" para seus dois ursinhos de pelúcia à noite antes de dormir não está conduzindo uma cerimônia de casamento, mesmo que ele esteja autorizado a realizá-la, mas está fazendo uma brincadeira ou tendo uma fantasia. Evidentemente, a *sua* afirmação terá tão pouca força quanto a do neurocirurgião não ordenado pois: (1) o contexto é inapropriado; (2) tal como acontece com os casais do mesmo sexo, no Reino Unido ou nos Estados Unidos não há atualmente lei ou convenção que regule ou permita o casamento de personagens de brinquedo;

e (3) presumivelmente, o padre não tem intenção de unir seus ursinhos de pelúcia pelo casamento.

Austin dedica boa parte de seu livro à tentativa de distinguir performativos bem-sucedidos de performativos mal sucedidos – retornaremos às suas tentativas no capítulo 4 deste livro. Neste momento o que importa é que Derrida tira proveito da "fragilidade" que Austin percebe no signo linguístico: afinal, Austin não tentaria diferenciar performativos bem-sucedidos de mal sucedidos se não soubesse que os enunciados estão sujeitos a ser extraídos do contexto e utilizados de formas que não as pretendidas por seus enunciadores originais. Derrida argumenta que o que Austin vê como uma cilada ou uma fragilidade é, na verdade, uma característica de *todos os* signos linguísticos, os quais estão sujeitos à apropriação, à reiteração e, voltando ao tema desta seção, à re-citação. Isso é o que Derrida chama de "a iterabilidade essencial de um signo", o qual não pode ser contido ou encerrado por nenhum contexto, convenção ou intenção autoral (1991, p. 356). Derrida argumenta que, em vez disso, os signos podem ser transplantados para contextos imprevistos e citados de modos inesperados, uma apropriação e um deslocamento que ele chama de transplante citacional: todos os signos podem ser colocados entre aspas ("sexo", "raça"), citados, transplantados e reiterados de modos que não se ajustem às intenções de seus falantes ou escritores originais, e isso significa que, tal como afirma Derrida, a possibilidade de fracasso é intrínseca e necessária ao signo: ela é, na verdade, *constitutiva* do signo (1991, p. 367).

Conhecemos essas ideias desde *GT*, em que, como comentei, a presença de Derrida é mais implícita do que declarada, em que o fracasso, a citação e a re-citação são cruciais para as discussões que Butler faz dos performativos de gênero subversivos. Em *BTM,* Butler vê, nas caracterizações que Derrida faz sobre o signo citacional, um potencial para subversão. Ela ensaia agora um movimento – da performatividade para a citacionalidade – na sua própria teoria, uma vez que repensar a performatividade através da citacionalidade parece ser útil para uma teoria democrática radical (BTM, p. 191; veja também p. 14). Especificamente, Butler argumenta que a citacionalidade de Derrida pode ser utilizada como uma espécie de estratégia *queer* para converter a abjeção e a exclusão das identidades sexuadas e "generificadas" não sancionadas em agência política.

No último capítulo de *BTM*, Butler sugere que aquilo que chamou de "as práticas antagônicas da estratégia *queer*" exemplificam a interpretação política da performatividade como citacionalidade (BTM, p. 21). Butler está se referindo a práticas subversivas através das quais os performativos de gênero são "citados", ou seja, enxertados em outros contextos, revelando, assim, a citacionalidade e o fracasso intrínseco – mas necessário e *útil* – de todos os performativos de gênero. Butler deu exemplos dessas práticas em *GT*, livro no qual destacou a paródia e o *drag* como estratégias de subversão e de agência. Em *Bodies That Matter*, ela retorna ao *drag* como um exemplo do que chama de "perturbação queer" [*"queer trouble"*] e vê na iterabilidade e citacionalidade do signo outras oportunidades para a "esperança nietzschiana". Retornaremos mais adiante a essas formas de "causar perturbação" [*"making trouble"*].

A matéria da raça

Pode a raça, tal como o sexo, a sexualidade e o gênero, ser citada e re-citada de forma a revelar a vulnerabilidade da lei à apropriação e à subversão? Seria a raça um performativo interpelado? E seria a identidade racial algo que é "assumido" e não algo que simplesmente "somos"? Seria possível mais uma vez alterar os termos da afirmação de Beauvoir e dizer que "não se nasce negra/branca, mas torna-se negra/branca"? Ou poderia a palavra "sexo" ser substituída, na frase com que Butler caracteriza *BTM* como "uma reescrita pós-estruturalista da performatividade discursiva", pela palavra "raça", "na medida em que ela atua na materialização do sexo"? (BTM, p. 12).

A discussão sobre raça está praticamente ausente de *GT*. Em *BTM*, Butler tem o cuidado de tratar também da identidade racial nas suas análises da formação da identidade (BTM, p. 18). Admitindo que a heterossexualidade normativa não é o único regime regulatório em funcionamento na produção do corpo, Butler se pergunta que outros "regimes de produção regulatória dão forma à materialidade dos corpos" (BTM, p. 17). Ela argumenta que "o simbólico – este registro da idealidade regulatória – é, também e sempre, uma atividade racial; ele é, na verdade, a prática reiterada de interpelações *racializantes*" (BTM, p. 18; ênfase no original). Butler rejeita as teorias sobre o poder que veem as diferenças raciais como subordinadas à diferença sexual, e argumenta que tanto o imperativo racial quanto o heterossexual estão em funcionamento nas práticas reprodutivas e sexualizantes.

As interpelações não nos "intimam" apenas ao sexo, à sexualidade e ao gênero: elas são também imperativos "racializantes" que instituem a diferença racial como um requisito da condição de "sujeitidade" ["*subjecthood*"]. As diferenças sexuais e raciais não são eixos de poder autônomos ou discretos (BTM, p. 116-17). Butler enfatiza várias vezes que o sexo e o gênero não são, de forma alguma, anteriores à raça. "Em vez de categorias separadas e hierarquizadas, o que temos é um quadro em que *uma* categoria serve de condição de articulação *para* a outra", afirma ela. E exemplifica: "Como a raça é vivida na modalidade da sexualidade? Como o gênero é vivido na modalidade da raça? Como as nações-estados coloniais e neocoloniais jogam com relações de gênero na consolidação do poder de estado?" (BTM, p. 117).

Essas são questões que Butler se coloca, apesar disso, a "matéria" da raça não é convincentemente integrada às suas discussões (e é por isso que estou tratando da questão aqui, numa seção separada). Embora ela analise como o sexo, a sexualidade e o gênero são interpelados, assumidos e performativamente constituídos, não há discussões similares a respeito da performatividade da raça ou de *como* exatamente a raça é interpelada por aquilo que ela chama de "normas racializantes". Além disso, é possível que alguns críticos pensem que é importante manter a distinção entre o corpo "racializado" e o corpo "generificado"/sexuado/sexualizado. Voltemos à frase do *cartoon*: "É uma lésbica!". Aí o humor deve-se ao fato de que a sexualidade não é visível ao nascer, enquanto que, ao contrário, a raça, muitas vezes, embora nem sempre, é visível. O teórico afro-americano Henry Louis Gates Jr. sumariza muito bem essa questão quando, em seu ensaio "The Master's Pieces", diz: "é importante lembrar que a 'raça' é *apenas* uma categoria sociopolítica, nada mais. Ao mesmo tempo — em termos de sua força performativa prática — isso não me ajuda quando estou tentando conseguir um táxi na esquina da rua 125 com a avenida Lenox. ('Por favor, senhor, isto é apenas uma metáfora.')" (1992, p. 37-8). A irônica observação de Gates mostra que o corpo visivelmente "racializado" (negro ou branco) não pode ser teorizado exatamente do mesmo modo que o corpo sexualizado, sexuado ou "generificado", embora com isso não se queira negar o argumento de Butler de que todos esses vetores de poder funcionam simultaneamente e um através do outro.

É significativo que a discussão mais extensa que Butler faz sobre raça se concentre na análise de um romance de Nella Larsen, *Passando-se,* no qual uma das protagonistas tenta se "passar" por branca. Aqui o corpo *não* é visivelmente negro, e Clare (a mulher que está se "passando" por branca) só é "revelada" ("*outed*" — é o termo usado por Butler, BTM,

p. 170) quando seu marido branco a encontra em meio a um grupo de pessoas negras. Butler utiliza-se de *Passando-se* para confirmar seu argumento de que a raça e a sexualidade estão imbricadas e implicadas, uma vez que ela percebe uma sobreposição entre, de um lado, a "muda relação homossexual" entre as duas protagonistas e, de outro, a "emudecida" negritude de Clare, a qual, tal como o desejo homossexual, tenta se dissimular (BTM, p. 175). Além disso, assim como a heterossexualidade requer a homossexualidade para constituir sua coerência, também a "branquidade" precisa da "negritude" para se contrabalançar e confirmar seus limites raciais. A heterossexualidade e a branquidade são simultaneamente desestabilizadas em *Passando-se,* quando o "*queering*" – isto é, o desejo entre as duas mulheres – perturba e expõe tanto a passagem racial quanto a sexual (BTM, p. 177). (Para uma discussão sobre raça e melancolia, veja a entrevista de Butler "Sobre discurso, raça e melancolia: uma entrevista com Judith Butler", 1999). A análise que Butler faz do romance de Larsen "estranha" ['*queers*'], igualmente, a teoria psicanalítica ao denunciar o pressuposto em que se baseia: o da primazia da sexualidade e da branquidade. Na verdade, Butler vê *Passando-se* como um desafio à teoria psicanalítica, "uma teorização do desejo, do deslocamento e da raiva ciumenta, que tem importantes implicações para uma reescrita da teoria psicanalítica que explicitamente leve em conta a questão da raça" (BTM, p. 182).

Butler volta a tratar da questão da raça em *BTM*, na discussão que faz do filme *Paris está em chamas*, de Jennie Livingston (BTM, p. 121-140), um filme sobre bailes *drags* no Harlem que são frequentados/encenados por "homens" afro-americanos ou latinos. De novo, Butler vê o filme como um exemplo de sua argumentação de que a diferença sexual não precede a raça ou a classe na constituição do sujeito, de maneira que o simbólico é também um conjunto racializante de normas, e o sujeito é produzido por concepções de "sexo" racialmente influenciadas (BTM, p. 130). As análises que Butler faz de *Paris está em chamas* e de *Passando-se* levam-na a concluir que a prioridade teórica da homossexualidade e do gênero deve dar lugar a um mapeamento mais complexo do poder, que situe os dois termos em seus contextos raciais e políticos específicos (BTM, p. 240).

A própria Butler tem sido extremamente cuidadosa em *não* sugerir que qualquer um dos termos tenha prioridade sobre o outro, ainda que a organização de *BTM* possa dar a entender o contrário – se não a prioridade do sexo sobre a raça, pelo menos a possibilidade de separação entre os dois. Uma vez que, tal como observei antes, a raça é tratada mais amplamente em capítulos distintos (e os focos desses capítulos são mais "literários" do que "teóricos"), "a matéria", por assim dizer, permanece de algum modo distante das outras discussões teóricas de Butler. É possível que ainda restem perguntas sobre a relação entre a raça e o falo lésbico, ou sobre a forma como a descrição feita por Butler do "tornar-se menina" pode ser aplicada à raça, visto que nem o falo lésbico nem a interpelação/performatividade são explicitamente discutidos no contexto da raça. De qualquer maneira, falar em termos de "normas racializantes" significa, na verdade, sugerir que a raça, tal como o gênero, o sexo e a sexualidade, não é natural, mas construída, que é assumida em reação à "intimação" interpelativa do discurso e da lei, embora Butler não seja explícita quanto ao modo como, exatamente, essa "intimação à raça" se dá.

Perturbação *queer*

Apesar do final trágico de ambas as histórias, Butler destaca os momentos de instabilidade promissora em *Paris está em chamas* e em *Passando-se*. Na sua análise, *Paris está em chamas* representa a ressignificação do parentesco heterossexual normativo (um assunto ao qual ela retornará em *A reivindicação de Antígona*), enquanto *Passando-se* revela, de forma similar, como as normas raciais e sexuais hegemônicas podem ser desestabilizadas por sujeitos que não se ajustam exatamente às categorias da heterossexualidade branca. Tais normas estão longe de ser monolíticas ou estáveis, mas, como vimos numa seção anterior, elas podem ser reiteradas e citadas sob formas que abalem a hegemonia heterossexual. (Para uma leitura alternativa de *Paris está em chamas*, veja o ensaio de bell hooks, "Paris está em chamas?".)

Entretanto, se todos os signos linguísticos são citacionais, a citacionalidade em si e por si mesma não é uma prática subversiva e, como consequência, certos signos continuarão a funcionar em favor das normas opressivas heterossexualizantes (e isso é algo que já sabemos pela descrição que Butler faz da feminilidade como "uma citação *forçada* da norma" (BTM, p. 232, ênfase minha)). Evidentemente, há citações "boas" (subversivas) e citações "más" (forçadas), e a tarefa consiste em distingui-las – o que nem sempre é fácil, como veremos. Outro problema é que o discurso e a lei funcionam pela dissimulação de sua citacionalidade e de sua genealogia, apresentando-se como atemporais e singulares, enquanto a performatividade, de forma similar, "oculta ou dissimula as convenções das quais ela é uma repetição" (BTM, p. 12). De novo, será necessário distinguir os performativos que consolidam a norma heterossexual daqueles que contribuem para revelar sua contingência, instabilidade e citacionalidade.

Num exemplo anterior, descrevi um neurocirurgião sem as ordens sacerdotais que conduz uma cerimônia de casamento a qual, em termos austinianos, não terá força performativa (ou mesmo força legal) porque se dá fora das convenções reconhecidas e sancionadas. Butler, por outro lado, poderia afirmar que o enunciado "Eu vos declaro, etc."

quando feito por alguém que não está autorizado a fazê-lo constitui uma estratégia política subversiva, uma vez que se trata da recitação de uma norma heterossexual instável, por isso, está sempre sujeita à apropriação. Há modos alternativos, igualmente subversivos, de citar signos heterossexuais que são *todos* suscetíveis de apropriação: o falo lésbico é uma "recitação" desse tipo, e Butler dá outros exemplos, alguns deles teatrais. Assim como em *GT,* a paródia e o *drag* são modos de *performance queer* que subversivamente "alegorizam" (para usar um termo de Butler) a melancolia heterossexual, revelando, desse modo, a natureza alegórica de *todas* as identidades sexuais. Embora em *BTM* Butler tenha tido o cuidado de fazer uma distinção entre *performance* e performatividade, ela afirma que o teatro oferece oportunidades decisivas para a política *queer.* "Pode-se contar uma série importante de histórias nas quais a crescente politização *da* teatralidade por parte de *queers* está em jogo", escreve ela. "Uma história desse tipo pode incluir tradições de c ross-dressing, bailes *drag, street walking,* espetáculos *butch-femme... kiss-in* pela Nação *Queer; performances drag* beneficentes para Aids" (BTM, p. 233).[8]

Aquilo que Butler chama de "a crescente teatralização da indignação política em reação à negligência fatal dos legisladores relativamente à questão da Aids" é sintetizado pela apropriação do termo "*queer*", um performativo interpelativo que, de um insulto, se transformou num signo linguístico de afirmação e de resistência (BTM, p. 233). Embora continue vendo potencial subversivo na contingência e na capacidade de ressignificação do signo, Butler também está consciente de que a citação não é necessariamente subversiva e chama a atenção para o fato de que certas "desnaturalizações" da norma heterossexual contribuem, na verdade, para reforçar a hegemonia heterossexual (BTM, p. 231). É verdade que essas paródias podem ser "domesticadas" de tal maneira que acabam por perder seu potencial subversivo e funcionar meramente como aquilo que Butler chama de "entretenimento hétero de luxo". Ela cita as caracterizações proporcionadas por Julie Andrews em *Victor/Victoria*, Dustin Hoffmann em *Tootsie* e Jack Lemmon em *Quanto mais quente melhor* como exemplos de *performances drag* que foram produzidas pela indústria de entretenimento heterossexual unicamente para o seu próprio deleite (BTM, p. 126). Tais *performances* apenas confirmam as fronteiras entre as identidades "hétero" e as "não hétero", propiciando aquilo que Butler chama de "um escape ritualístico para uma economia heterossexual que precisa constantemente policiar suas próprias fronteiras contra a invasão do *queer*" (BTM, p. 126).

Tal como antes, é difícil desvincular as citações e os performativos subversivos das estruturas de poder às quais eles se opõem, uma vez que a subversão está necessária e inevitavelmente implicada no discurso e na lei. Entretanto, é nisso que reside tanto a esperança quanto a problemática da performatividade, e Butler argumenta que fazer uso dos "recursos" existentes para fins subversivos exigirá vigilância e trabalho duro. "Como vamos saber a diferença entre o poder que promovemos e o poder ao qual nos opomos?", escreve ela. O problema, por certo, é que *não* se pode saber isso antecipadamente, de modo que a recitação subversiva sempre envolverá certa dose de risco. Trata-se de um risco que Butler compreende muito bem, pois, mais uma vez, ela submete seu trabalho ao escrutínio de leitoras e leitores que podem interpretar e utilizar suas ideias de modos imprevisíveis. Os efeitos de nossas palavras são incalculáveis, uma vez que os performativos e suas significações não têm começo nem fim (BTM, p. 241). Talvez seja apropriado terminar com uma "citação" da passagem conclusiva em que Butler admite que suas próprias palavras estão sujeitas à apropriação e à re-utilização:

Uma das implicações ambivalentes da descentralização do sujeito é que a nossa escrita se torna o local de uma necessária e inevitável expropriação. Mas essa renúncia à propriedade daquilo que escrevemos tem uma série de corolários políticos importantes, pois a apropriação, a modificação e a deformação das nossas palavras faz entrever, à frente, um terreno difícil de convivência, um terreno no qual a esperança de, algum dia, nos reconhecermos plenamente nos termos pelos quais nós significamos será certamente frustrada. Essa impossibilidade de sermos donas de nossas próprias palavras está ali, entretanto, desde o início, uma vez que o falar é sempre, sob alguns aspectos, o falar de um estranho através de nós e no nosso lugar, é a reiteração melancólica de uma linguagem que nunca escolhemos, que não encontramos como um instrumento pronto a ser utilizado, mas que, em vez disso, somos, por assim dizer, utilizados por ela, expropriados no seu próprio interior, como a condição instável e continuada do "eu" e do "nós", a condição ambivalente do poder que prende (BTM, p. 241-242).

Essa manifestação poderia ser interpretada como um gesto de humildade ou, então, como uma cláusula de isenção de responsabilidade por parte de Butler. Além disso, há contextos em que é problemático declarar que não se usa a linguagem mas que, em vez disso, se é usado por ela. ("Não escrevi tais palavras! Elas me escreveram."). Butler volta às questões dos atos de fala, da responsabilidade linguística e do "alcance da significabilidade" (BTM, p. 241) quando analisa o discurso do ódio, a "obscenidade" e a censura em seu livro seguinte, *Excitable speech*.

Sumário

BTM é uma genealogia da construção discursiva dos corpos. Tal como em *GT*, Butler descreve como as identidades sexuadas, longe de ser "fatos" físicos, estáveis da existência, são adotadas e assumidas às custas da forclusão brutal das identidades tidas como as que não têm "peso" (ou não importam) no contexto da hegemonia heterossexual. Butler se baseia numa ampla gama de pensadores e escritores para descrever o sexo sob diferentes ângulos: como interpelação (Althusser); como performativo (Austin); como significação (Freud, Lacan); como construído (Foucault); como recitável (Derrida). As bases austinianas e derridianas de suas teorias se tornam mais explícitas aqui do que em *GT*, pois agora Butler repensa a performatividade através da citacionalidade, o que a leva a argumentar que, se o sexo é performativo, se é o resultado da interpelação e da citação, ele pode ser recitado de maneira a desestabilizar a hegemonia heterossexual.

Um exemplo de tal expropriação é o falo lésbico, pois aquilo que é apenas o *símbolo* de uma parte do corpo (o pênis) pode ser apropriado e recolocado em circulação por pessoas que não têm pênis. Butler tem o cuidado de considerar o gênero, a diferença sexual e a raça como vetores de poder estreitamente ligados entre si, sem que nenhum deles tenha qualquer precedência sobre os outros. As "práticas sexualizantes" afirmam o imperativo heterossexual, mas elas também consolidam (e contestam) as fronteiras da distinção racial. Butler dá exemplos de como as normas raciais, sexuais e de gênero podem ser subvertidas. Ela admite, entretanto, que algumas vezes é difícil dizer o que é subversivo e o que simplesmente consolida as estruturas de poder existentes.

4. A LINGUAGEM

Questões

Se não há um fazedor por trás do feito, como afirma Butler, então quem ou o que deveríamos responsabilizar ou culpar nos discursos de ódio (sexual, racial, etc.) e de "obscenidade"? (Como veremos, a "obscenidade" não é uma categoria autoevidente). As palavras têm o poder de ferir? E que tipo de instrumento legal seria apropriado para lidar com essas "ofensas"? Se, como defende Foucault, o poder, em vez de proibitivo, é produtivo, então os censores da sociedade podem estar envolvidos na geração e na proliferação dos discursos e das representações que eles se propõem a banir. E se os signos são instáveis, reiteráveis e nunca estão, em última instância, determinados pelo contexto ou pela convenção, deve ser possível ressignificar e recontextualizar as representações e as palavras consideradas ofensivas. Nesse caso, talvez fosse melhor admitir e explorar o fato de que nenhuma palavra ou representação tem *inevitavelmente* e sempre o poder de ferir, em vez de lançar mão de uma lei que não é, ela própria, nada neutra ou objetiva.

Em *Excitable Speech* (*ES*), Butler entra no debate sobre a censura, ao situar o seu constante questionamento sobre as categorias-do-sujeito no contexto da linguagem. Ela aborda especificamente os discursos de ódio (sexual, racial, etc.), a autoexpressão gay e as assim chamadas representações pornográficas e obscenas. Nesse livro, Butler focaliza a performatividade da linguagem (Austin), a eficácia da interpelação (Althusser) e a lógica que move os que dirigem ofensas verbais a grupos ou pessoas sem ser agentes soberanos do que dizem (Foucault). Como explica Butler, a expressão "fala excitável"[9] é um termo legal que se refere a afirmações consideradas fora do controle do falante por terem sido feitas sob pressão. Ela argumenta que *toda* manifestação está de certo modo fora do controle do falante (ES, p. 15). Se toda fala é excitável, então os falantes em questão deveriam poder alegar não ser inteiramente responsáveis quando intimados a justificar o uso de uma linguagem que os precede e os excede: na verdade, eles poderiam até mesmo dizer que não falaram a linguagem mas foi a linguagem que os falou (e a própria Butler parece afirmar isso ao final de *BTM*). Não é um ponto de vista que Butler endosse, e é uma questão à qual retornaremos. Ao longo de toda a sua análise, Butler insiste que, embora a linguagem seja performativa, ela nem sempre é "bem-sucedida" ("bem-sucedida" é o termo que Austin emprega para os enunciados que realizam com sucesso aquilo que nomeiam). E é esse possível fracasso que vai se revelar, mais uma vez, um instrumento crucial na teorização que Butler faz da possibilidade radical de ressignificação do signo.

Palavras que ferem, palavras que prendem

Alguns leitores podem supor que a distinção entre enunciado e ação é autoevidente: sem dúvida, falar sobre fazer sexo ou representá-lo não é o mesmo que realmente fazê-lo, embora tenhamos tomado conhecimento, no capítulo anterior, da teoria de Austin segundo a qual há certos enunciados que de fato realizam o que nomeiam. Austin contrasta *enunciados performativos* tais como "Batizo este navio..." com *enunciados constatativos* tais como "Fui nadar", que são meramente descritivos: dizer que se atravessa um rio não é o mesmo que fazê-lo, ao passo que a primeira afirmação ("Batizo este navio..."), no contexto apropriado, efetivamente realiza o feito ao enunciá-lo. Em *GT* e em *BTM*, a distinção de Austin (performativos *vs.* constatativos) é crucial para a concepção, desenvolvida por Butler, do gênero e do sexo como performativos, embora ela explore ao máximo, em ambos os livros, a dificuldade de Austin em distinguir claramente enunciados performativos de constatativos. Na verdade, o próprio Austin reconhece que todo enunciado é em certo sentido um ato e que, ao dizer algo, estamos *sempre* fazendo algo (1955, p. 92, 94).

Se aceitamos o ponto de vista de que todo enunciado é ação, então chamar alguém de "crioulo" ou de "bicha" é fazer alguma coisa, isto é, insultá-lo; de modo que existe apenas uma diferença de grau (e não uma diferença de tipo) entre essa ofensa verbal e, por exemplo, bater em alguém ou jogar um tijolo na sua janela. Austin, por outro lado, tenta distinguir enunciados que *efetivamente* fazem alguma coisa (sentenciam alguém à prisão perpétua, declaram um casal heterossexual marido e mulher, batizam um navio) e aqueles que produzem certas consequências por dizerem algo: ele chama os primeiros de *atos de fala ilocutórios* enquanto os últimos são *atos de fala perlocutórios*. Austin faz duas importantes asserções sobre os primeiros: 1) os atos ilocutórios são definidos por seus efeitos; 2) esses efeitos resultam da força do contexto e da convenção. Lembre-se de que, no capítulo 3, dei o exemplo do padre que, antes de dormir, declara seus ursinhos de brinquedo marido e mulher e afirmei que ele não estava realizando um ato de fala performativo ou ilocutório. Uma vez que não há convenção permitindo o casamento de ursinhos de brinquedo, então, mesmo que o padre esteja autorizado a realizar casamentos, suas palavras não terão o poder de realizar uma união matrimonial quando pronunciadas na privacidade de seu quarto de dormir. Por outro lado, se um casal heterossexual se colocar diante de uma pessoa autorizada (um escrivão, um padre), num local autorizado (um cartório de registros, uma igreja), então as mesmas palavras "Eu vos declaro marido e mulher" criarão um vínculo legal e um ato de fala ilocutório terá ocorrido, um ato de fala no qual o que é dito é, ao mesmo tempo, feito.

Em *Como fazer coisas com as palavras*, Austin classifica o ato de batizar um navio como uma ação performativa, mas argumenta que o contexto e a convenção apropriados devem estar presentes a fim de que a afirmação seja efetiva. "Batizar o navio *é* dizer (*em circunstâncias apropriadas*) as palavras 'Eu batizo...'. Quando digo, diante do escrivão ou do altar, 'sim', não estou fazendo um relato sobre um casamento, estou passando pela experiência do casamento" (AUSTIN, 1955, p. 6, ênfase minha). A expressão "em circunstâncias apropriadas" é, aqui, decisiva, pois se as circunstâncias *não* forem apropriadas, o enunciado deixará de atingir o efeito desejado. Em um outro exemplo de batismo de navio, Austin lança a hipótese de que ele poderia avistar um navio que está para ser batizado, aproximar-se dele e estourar uma garrafa contra seu casco, proclamando "Eu batizo este navio como *Sr. Stalin*". "Mas o problema é que eu não sou a pessoa designada para batizá-lo", escreve Austin, o que significa que o navio em questão não será batizado como *Sr. Stalin*: "trata-se de uma brincadeira", diz Austin, "tal como um casamento com um macaco [ou talvez com um ursinho de brinquedo]" (1955, p. 23-24). Se não estou autorizado a batizar um navio ou a realizar qualquer outro tipo de performativo, meus enunciados fracassarão. Santos não podem batizar pinguins (outro dos exemplos de Austin), humanos não podem casar macacos, e Austin não pode batizar um navio como *Sr. Stalin* a menos que ele tenha sido autorizado a fazê-lo. Para Austin, então, o resultado de um enunciado performativo depende da convenção e do ritual. Butler, entretanto, já tinha se afastado dessa concepção sobre o signo em *BTM*, num movimento que ela continua em *ES*.

Se aceitamos a distinção de Austin entre atos de fala ilocutórios e perlocutórios, então, evidentemente, seria possível argumentar que, sob certas circunstâncias, ações podem ser construídas como atos de fala ilocutórios que, no ato de sua enunciação, realizam o que nomeiam. Na introdução a *ES*, no entanto, Butler faz as seguintes observações para se contrapor à visão de Austin sobre a linguagem: em primeiro lugar, como vimos no capítulo anterior, o significado das palavras nunca é, em última análise, "saturável". Um ato de fala não se dá no momento exclusivo de sua enunciação, mas é a "condensação" dos significados passados, dos significados presentes e até mesmo de significados futuros e imprevisíveis. É nesse sentido que os atos de fala são "excitáveis" ou estão fora do controle de seus falantes (ou mesmo de sua compreensão), e isso significa que, como diz Butler, um enunciado sempre pode "exceder o momento que ocasiona" (ES, p. 14).

Isso nos leva ao segundo ponto: se a linguagem é uma cadeia significante que se prolonga para trás e para além de quem enuncia, então seria um erro supor que quem enuncia é o produtor isolado de sua fala. Butler rejeita a noção da autonomia soberana na fala, e, embora insista que os falantes nunca estão no pleno controle do que dizem, ela também argumenta que os falantes são, em alguma medida, responsáveis por seus enunciados e, em certos casos, deveriam ser processados por proferir palavras que ferem. Soberania e responsabilidade não são sinônimos. Na mesma medida em que os falantes são formados pela linguagem, eles também a formam. Butler, portanto, vê a questão da responsabilidade como uma questão que está "tingida de impureza desde o princípio". Além disso, o paradoxo da não soberania dos falantes "prenuncia um dilema ético que se gesta na origem da fala" (ES, p. 28).

Pressupor um produtor isolado de um enunciado é, como veremos adiante, uma ficção fabricada pela lei para justificar a regulação do discurso e da representação. Além disso, o "dilema ético" identificado por Butler diz respeito à questão de quem se pode culpar na ausência de um sujeito falante soberano. Butler também se afasta da conexão feita por Austin entre falante e fala, fala e conduta: as palavras nem sempre colocam em ação o que nomeiam e os performativos não são necessariamente efetivos ou "bem-sucedidos" – em outras palavras, fala e ato não são sinônimos. De novo, isso se deve ao fato de que nem o contexto nem a convenção são compulsórios, e nenhuma palavra levará, *inevitavelmente*, a uma única e previsível conclusão. Aquilo que Butler chama de "a temporalidade aberta do ato de fala" contém em si a possibilidade para a agência e para a ressignificação (ou "ressigni-ficação" como ela escreve em *ES*, a quebra intro-duzida na palavra pretendendo, presumivelmente, assinalar "quebras" semelhantes que podem ser feitas no contexto e na convenção) (ES, p. 41). "O intervalo que separa o ato de fala de seus efeitos futuros [...] dá início a uma teoria de agência linguística que oferece uma alternativa à incansável busca de uma solução legal", escreve ela. "O intervalo entre instâncias de enunciado não só torna possível a repetição e a ressignificação do enunciado, mas mostra como as palavras podem, ao longo do tempo, se desvincular de seu poder de injuriar e ser recontextualizadas de modos mais afirmativos" (ES, p. 15).

Tal como em *GT* e *BTM*, a repetição e a ressignificação contêm em si a promessa de recontextualizações afirmativas e de reutilizações subversivas que constituem uma resposta mais efetiva ao discurso do ódio do que as medidas legais. É talvez alentador saber que Butler busca alternativas à solução legal, pois, como veremos, ela considera a lei incomodamente inconsistente em sua arbitragem dos casos de ódio racial e de autoexpressão sexual.

A lei

Tanto em *ES* quanto em "A força da fantasia", um artigo, publicado sete anos antes do livro, sobre o fotógrafo Robert Mapplethorpe e o ex-senador de direita dos Estados Unidos Jesse Helms, Butler argumenta que a lei está libidinalmente envolvida naquilo sobre o qual legisla (um exemplo literário disso é Ângelo, em *Medida por medida* de Shakespeare). Em ambos os textos Butler afirma, além disso, que o discurso do ódio é retransmitido pelas autoridades (isto é, senadores, advogados) que supostamente deveriam regulá-lo e, uma vez que o discurso do estado é, na verdade, sinônimo de discurso do ódio, faz pouco sentido apelar à lei. Para exemplificar o modo como a lei incorpora a linguagem que busca julgar, Butler faz uma análise textual minuciosa do discurso legal utilizado num tribunal que discutiu se a colocação de uma cruz em chamas no gramado da casa de uma família negra constituía um ato de ódio racial ou um ato de fala (ES, p. 52-65).

Antes de considerarmos o que constitui e o que não constitui uma fala, quero examinar melhor a natureza produti-va, proliferativa da lei, que, como vimos, aciona o discurso do ódio sobre o qual supostamente deve legislar. Se a lei produz o discurso do ódio para poder legislar sobre ele, ela também produz um sujeito falante incriminável para poder processá-lo. A fabricação legal do sujeito incriminável nos leva outra vez à formulação nietzschiana de que não há um fazedor por trás do feito, referida em *GT* e em *BTM*. Em *ES*, Butler cita, mais uma vez, a afirmativa de Nietzsche de que "não existe 'ser' por trás do fazer, do atuar, do devir; 'o agente' é uma ficção acrescentada à ação – a ação é tudo" (1998, p. 36). Em *GT*,

Butler havia acrescentado a essa formulação um corolário que abrangia o gênero: "Não há nenhuma identidade de gênero por trás das expressões de gênero; a identidade é performativamente constituída pelas próprias 'expressões' que supostamente são seus resultados" (GT, p. 25). *ES* amplia essa ideia para incluir todos os atos de fala. Podemos substituir os termos de sua sentença do seguinte modo: "não há nenhum falante-do-ódio por trás das expressões do discurso do ódio; a identidade do falante-do-ódio é performativamente constituída pelas próprias 'expressões' que supostamente são seus resultados".

Quais as implicações da ideia de que não há um falante-do-ódio por trás das expressões do ódio? Pode parecer que essa ideia equivaleria a dar permissão a racistas/homófobos/misóginos para saírem por aí insultando as pessoas e culpando o "discurso" por suas ações. Na verdade, a sugestão de que não existe nenhum falante-do-ódio por trás das expressões do discurso do ódio se ajusta à ideia de Butler de que não há agentes da linguagem soberanos e que a linguagem é uma cadeia citacional que precede e excede os sujeitos falantes, os quais são retroativamente instalados pelo discurso e no discurso. Isso implica que, em última análise, os falantes não podem ser tidos como responsáveis por enunciados dos quais não são, sozinhos, os produtores, de maneira que o argumento de que não há nenhum sujeito incriminável por trás das expressões do discurso do ódio vai exigir que reconsideremos, em tais casos, a eficácia das medidas legais. Se não há fazedor por trás do feito, então quem são essas pessoas e do que elas são acusadas? Se elas não são os agentes soberanos dos discursos do ódio que pronunciam, por que elas estão sendo processadas? Por que não processar o discurso ou a ideologia que interpela os falantes, levando-os a se comportar desse modo odioso?

Evidentemente, não seria prático nem possível processar o discurso ou a ideologia e, de acordo com Butler, é por essa razão que a lei atribui agência a um sujeito soberano que é fabricado para poder ser processado. Num comentário posterior sobre a formulação de Nietzsche, Butler afirma que o sujeito incriminável é instituído como se fosse anterior ao feito para que se possa culpá-lo e mantê-lo como responsável (ES, p. 45). Embora o sujeito *não* seja o produtor intencional de seu feito, isso não impede a lei de processar um sujeito que é um construto eminentemente *ficcional*. Ao fabricar um produtor que pode ser responsabilizado pela fala injuriosa, a lei institui o que Butler chama de "causalidade moral" entre o sujeito e seu ato, pela qual, como diz ela, "ambos os termos [isto é, sujeito e ato] são desvinculados de um 'fazer' temporalmente mais extenso e que parece ser anterior e alheio a esses requisitos morais." (ES, p. 45-46). O "'fazer' mais extenso" que Butler menciona aqui presumivelmente reconheceria que, uma vez que os enunciados se dão numa cadeia citacional cuja historicidade (para usar a sua expressão) excede o sujeito, os sujeitos não são os responsáveis exclusivos por suas falas. Butler rompe a causalidade moral entre o sujeito e o ato que é pressuposta pela lei, argumentando que, em vez disso, o sujeito é uma "metalepse retardada" e um sujeito-*efeito* (ES, p. 50). Uma metalepse é uma substituição, e o sujeito-efeito é "retardado" no sentido de que ele foi, por assim dizer, retroativamente instalado pela lei na cena do crime. Dito de maneira mais simples, a lei requer alguém ou algo para culpar em ocorrências do discurso do ódio e da "obscenidade": assim, ela aponta o dedo para um sujeito que *ela mesma cria* para poder processar.

"Quando imputamos a injúria ao ato de um sujeito e privilegiamos o domínio jurídico como o espaço para negociar a injúria social, não estamos emperrando, sem querer, a análise sobre a forma como o discurso produz a injúria justamente por tomar o sujeito e o seu feito (ou sua fala) como o ponto de partida adequado?", pergunta Butler (ES, p. 47). Embora a análise genealógica do discurso possa de fato ter sido "emperrada" por defensoras da antipornografia tais como Catharine MacKinnon e Mari Matsuda, que se concentram na injúria em vez de focalizar as operações do discurso, *ES* analisa a produção discursiva da injúria e a instauração do sujeito-efeito. Na verdade, as discussões de Butler tornarão mais difícil apontar o dedo da acusação, pois não é mais evidente quem ou o que é incriminável nas ocorrências do discurso do ódio ou da "obscenidade".

A interpelação revisitada

Antes de considerar o tratamento legal dado ao ódio racial e à "obscenidade", precisamos fazer uma breve digressão para voltar a Althusser cujas teorizações sobre a interpelação e a constituição-do-sujeito são, mais uma vez, decisivas para Butler em *ES*. Lembremos do capítulo anterior, em que o "homem na rua" de Althusser é interpelado por um policial que grita "Ei, você aí!" O homem se volta e, ao reconhecer que o policial está se dirigindo a ele, assume sua posição como um sujeito, ou, para usar a expressão de Foucault, é "subjetivado". Alguns leitores podem ter se perguntado como Butler consegue conciliar, do ponto de vista teórico, Althusser com Foucault. Se o poder é múltiplo, indeterminado e disperso, então por que o sujeito é interpelado na rua por um policial particular, que aparentemente é o representante soberano da lei? Além disso, se a interpelação é um enunciado performativo, isto é, um enunciado que constitui o sujeito no ato de nomeá-lo, e se, como sabemos, os enunciados não têm origem num enunciador único e soberano, que seria o único responsável por eles, então por que a interpelação do policial parece ser tão efetiva? Por que o homem na rua se volta quando o policial grita para ele, e o que aconteceria se ele ouvisse a interpelação, a ignorasse e simplesmente continuasse caminhando?

Na introdução a *ES,* Butler revisita a cena althusseriana numa breve mas importante seção a respeito da ação injuriosa dos nomes. Observando que precisamos dos nomes pelos quais somos chamados para sermos constituídos como sujeitos, Butler volta a sua atenção para o modo como funciona o processo de chamar as pessoas pelo nome. Embora Althusser pareça atribuir um poder divino e soberano ao policial que interpela o homem na rua, Butler insiste que não há uma eficácia mágica na chamada interpelativa da lei. Em vez disso, a interpelação é um enunciado citacional que, para ser efetivo, se apoia no contexto e na convenção, o que significa que não é diferente de outros enunciados igualmente contingentes. "Num certo sentido, a polícia *cita* a convenção que rege o ato de interpelar", argumenta Butler, "[eles] participam de um enunciado que é indiferente para quem o profere" (ES, p. 33). A interpelação é, portanto, um enunciado citável, *ex*-citável, que excede o interpelador, o qual não está no controle de sua fala.

De forma similar, embora Althusser pressuponha um sujeito que se volta e se apropria reflexivamente do termo quando é chamado, Butler argumenta que a constituição linguística do sujeito pode se dar sem que o sujeito sequer registre a operação de interpelação. A lei pode, então, me chamar, e eu posso não ouvir, mas o nome pelo qual sou chamada e do qual não tomo conhecimento ainda assim constituirá minha identidade social como um sujeito. Por outro lado, posso recusar o nome pelo qual sou chamada mas, segundo Butler, o nome continuará a se impor sobre mim (ES, p. 33). Então, embora Butler admita a "prontidão" do sujeito "para ser compelido" (uma ideia à qual ela retorna no quarto capítulo de *The Psychic Life of Power*), os sujeitos que não assumem voluntariamente o nome pelo qual são chamados serão, ainda assim, constituídos por ele.

Não há nenhuma razão para que as chamadas interpelativas sejam mais efetivas ou compulsórias do que outros enunciados performativos, e Butler, ao transportar a cena althusseriana para o modelo de poder foucaultiano e para um quadro linguístico derridiano, vê algum potencial para a agência no caráter instável desses performativos. Baseando-se, mais uma vez, na *História da sexualidade v. 1*, de Foucault, ela afirma que o poder não está investido num sujeito único e divino nem reside num nome, de maneira que a interpelação não tem nenhuma origem ou nenhum fim evidente (ES, p. 34). Se o poder não pode ser localizado ou personificado e se as chamadas interpelativas não são necessariamente efetivas, então será possível ressignificar termos linguísticos que, afirma Butler, têm um futuro semântico aberto. "A interpelação", diz ela, "é um endereçamento que, muitas vezes, não atinge o alvo; ela exige que a autoridade seja reconhecida como tal, ao mesmo tempo que confere identidade ao impor, com sucesso, esse reconhecimento" (embora essa "imposição" do reconhecimento *nem* sempre seja bem-sucedida) (ES, p. 33). Não podemos escolher os termos pelos quais somos interpelados e, embora aparentemente não possamos escapar ao chamado da lei, o caráter aberto da linguagem propicia a oportunidade para "algo que ainda poderíamos chamar de agência", como diz Butler, "ou seja, a repetição de uma subordinação inicial com outro propósito, um propósito cujo futuro está parcialmente aberto" (ES, p. 38).

Como veremos, há formas de responder ao discurso do ódio que poderão impedir seus pretendidos efeitos injuriosos, ainda que, tal como antes, isso não signifique que os falantes-do-ódio não sejam responsáveis por seus enunciados. Na verdade, Butler admite que há alguns casos nos quais "provavelmente" será necessário processar os enunciadores do ódio racial, dos comentários antigay, etc. (ES, p. 34, 50) (embora não esteja inteiramente claro quem ou o quê, exatamente, está sendo processado, nessas ocorrências). Na verdade, na ausência de sujeitos falantes soberanos e de performativos efetivos, como é possível processar ocorrências nas quais a linguagem ou o discurso odioso foram utilizados?

Violência no tribunal

Uma vez que a lei não é um árbitro objetivo, Butler sugere que se reaja ao discurso do ódio de maneira a evitar o apelo a medidas legais. Em suas análises sobre o ódio racial e sobre o estabelecimento de processos jurídicos contra a "obscenidade sexual", Butler descreve casos de distorções preocupantes na adoção dessa estratégia e que fortalecem seu argumento em favor da busca de alternativas para a via da compensação legal. No caso do processo *R. A. V vs. Saint Paul*,[10] uma cruz em chamas foi colocada no gramado da casa de uma família negra por um adolescente branco. Butler observa que os advogados de defesa do adolescente incorporam a violência discursiva que supostamente deveriam condenar, ao mesmo tempo que a família negra ameaçada pela cruz em chamas é por eles criminalizada. (Butler traça alguns paralelos esclarecedores com o caso Rodney King[11]. Veja seu artigo "Ameaçado/ameaçador: o racismo esquemático e a paranoia branca" (1993).) Esses são argumentos suficientemente fortes, mas a própria "acusação" de Butler contra a lei se assenta na defesa, feita pelos advogados, da cruz em chamas como um ato de livre expressão, o que, portanto, o colocaria sob a proteção da Primeira Emenda da Constituição dos Estados Unidos. Argumentou-se que, em vez de um ato de destruição, a cruz em chamas apenas expressava um ponto de vista, ainda que reconhecidamente controverso e potencialmente ofensivo. Por essa razão, o ato não era proscrito como uma "agressão verbal" (uma frase ameaçadora sem maiores consequências), mas era, em vez disso, na qualidade de "livre expressão", protegido pela primeira emenda.

As coisas são completamente diferentes quando se trata de representações sexuais. Enquanto Butler insiste no possível fracasso dos performativos e nas possibilidades de agência que, consequentemente, podem se abrir, algumas defensoras da censura, tais como Andrea Dworkin, Matsuda e MacKinnon, presssupõem que as representações sexuais realizam, num certo sentido, o que descrevem. Em sua discussão sobre o livro de MacKinnon, *Apenas palavras*, Butler argumenta que MacKinnon constrói a pornografia como uma espécie de discurso do ódio que tem o poder de colocar em ação aquilo que nomeia. Por juntar imagens e palavras, bem como palavras e ações, as representações pornográficas, conclui MacKinnon, têm o poder de colocar em ação aquilo que representam e deveriam, portanto, ser censuradas (ES, p. 67). Butler, por outro lado, vê as representações pornográficas como "fantasmáticas", alegorias irreais e irrealizáveis de uma sexualidade impossível que não têm o poder de ferir. Caracterizando a pornografia como "o texto da irrealidade do gênero", Butler argumenta que "a pornografia cartografa um domínio de posições irrealizáveis que impera sobre a realidade social das posições de gênero, mas que, estritamente falando, não constitui aquela realidade; de fato, é a sua incapacidade de constituí-la que dá à imagem pornográfica o poder fantasmático que ela tem" (ES, p. 68).

Se o poder da pornografia é fantasmático em vez de real, faz pouco sentido processar essas representações (ou antes, os seus representantes), e Butler faz um apelo em favor de uma leitura feminista não literal e da reciclagem dos textos pornográficos e da sexualidade "impossível" que eles representam (ES, p. 69). (Mas em *BTM*, ela insiste que não há distinção entre o fantasmático e o real. Veja o capítulo 3, deste livro, e BTM, p. 59). Uma vez que disso não se segue necessariamente que esses textos sejam performativos eficazes e que censurar um único texto não vai eliminá-lo ou eliminar outros textos como ele, Butler afirma que é mais eficiente se lançar no difícil trabalho de ler tais textos a contrapelo, admitindo-se, ao mesmo tempo, que "a performatividade do texto não está sob controle soberano". Na verdade, está longe disso, pois, como ela salienta, "se o texto age uma vez, ele pode agir novamente, e possivelmente contra sua ação anterior. Isso levanta a possibilidade da *re*ssignificação como uma leitura alternativa da performatividade e da política" (ES, p. 69).

Voltaremos à ressignificação em breve, mas neste momento você pode estar se perguntando por que um texto pornográfico é suscetível de recitação subversiva, enquanto uma cruz em chamas não o é. É certamente verdade que termos racistas tais como "crioulo" ["*nigger*"] têm sido "retomados" por alguns falantes ou grupos (embora seja um termo que Butler evite em *ES*), mas no contexto do discurso do ódio é importante fazer uma distinção entre *atos* racistas violentos e *atos de fala* racistas violentos. Isso não significa, necessariamente, que o ato de queimar uma cruz não seja suscetível de uma reutilização subversiva, mas pessoas com um pensamento de esquerda supostamente pensariam duas vezes antes de se apropriar de um ato ameaçador, com uma história de violência e de opressão racista. De acordo com Derrida, os signos performativos podem ser dissociados de seus usos prévios se, mais do que a dimensão histórica, for enfatizada a dimensão estrutural da linguagem (ES, p. 148), e, embora Butler pareça endossar essa posição, ela reconhece a importância da historicidade do signo (ES, p. 57). Na verdade, na introdução a *ES*, Butler admite que a linguagem não pode ser separada de sua história e que, na determinação do significado dos signos, são importantes os seus usos prévios: "Não há nenhuma linguagem que seja capaz de se livrar de seu resíduo traumático, assim como não há nenhuma outra maneira de lidar com o trauma a não ser através do esforço árduo exigido para dirigir o rumo de sua repetição" (ES, p. 38). Veremos, no devido tempo, como as repetições podem ser "dirigidas".

Vimos que os advogados de defesa do caso *R. A. V. vs. Saint Paul* argumentaram que a cruz em chamas era um ato de fala que expressava determinado ponto de vista, o que significava que tal ato cumpria as condições para ser protegido pelos termos da Primeira Emenda da Constituição dos Estados Unidos. Em contraposição, as representações sexuais contra as quais Dworkin, MacKinnon e Matsuda, entre outras, objetam *não* são consideradas expressões verbais, mas atos de violência e, consequentemente, não estão sob a proteção da Primeira Emenda. Butler mostra-se incomodada com aquilo que considera "o uso arbitrário e tático da lei da obscenidade" para os propósitos de restringir a produção cultural afro-americana e a autorrepresentação lésbica e gay. Aparentemente, a lei não consegue decidir se dizer é fazer ou se fazer é dizer, e há pautas ideológicas por trás desse tratamento inconsistente do ódio racial e da representação sexual. Mais uma vez, isso leva Butler a insistir sobre o intervalo produtivo que existe entre dizer e fazer (ES, p. 75). Admitindo que, em certos casos, o "dizer" *pode* levar a um "fazer" nocivo, Butler afirma que "a cadeia ritual do discurso do ódio não pode ser refutada de maneira efetiva por meio da censura" (ES, p. 102). Isso se dá não somente devido às distorções e violências presentes na lei, mas também porque a censura é uma resposta simplista para as complexas operações do discurso e da lei. Um dos aspectos dessa complexidade é a produção e a preservação daquilo que é supostamente proibido e proscrito.

A melancolia militar

Na verdade, encontramos a ideia de que a proibição é produtiva tanto em *GT* quanto em *BTM*, e Butler continua a explorar a produtividade da proibição no terceiro capítulo de *ES*, ("A palavra contagiosa. Paranoia e 'Homossexualidade' nas Forças Armadas"). A palavra "homossexualidade" no título do capítulo está entre aspas para assinalar que se trata de um construto, e não de uma essência ontológica prediscursiva.

Na verdade, a homossexualidade, tal como aparece em *ES* é simultaneamente produzida e proscrita por autoridades militares e governamentais que *precisam* da "homossexualidade" para manter a coesão da comunidade masculina hétero. É nesse sentido que o discurso militar é melancólico, pois mantém uma catexia aparentemente proibida, num processo que Butler chama de produção e restrição simultânea do termo em questão (isto é, a "homossexualidade") (ES, p. 105).

Em sua discussão sobre o discurso militar, a lei e a produção da homossexualidade, Butler se baseia em três trabalhos de Freud, "Observações psicanalíticas sobre um caso de paranoia" (1911), *O mal-estar na civilização* (1930) e *Totem e tabu* (1913). Em "Observações psicanalíticas sobre um caso de paranoia", Freud argumenta que a repressão do desejo homossexual leva à produção do sentimento social, enquanto em *O mal-estar na civilização*, ele analisa como os desejos são conservados na própria estrutura da renúncia, de forma que a proibição é uma ação libidinalmente investida. Butler afirma que, no contexto do exército, o ato de renunciar ao desejo homossexual é uma forma de *preservar* tal desejo: a homossexualidade, portanto, nunca é renunciada, mas, como diz Butler, é "conservada no discurso da proibição" (ES, p. 117).

Evidentemente isso não é admitido pelas autoridades militares, que buscam impedir as declarações homossexuais, considerando-as equivalentes a atos sexuais. *Totem e Tabu* proporciona a Butler um arcabouço para discutir a metáfora do contágio utilizada nos discursos militares, nos quais as admissões verbais de homossexualidade são vistas como uma doença, mais especificamente, a Aids. Aos olhos dos militares e do governo, palavras com conteúdo homossexual possuem as propriedades de fluidos contagiosos que são "transmitidas" como o vírus da Aids (ES, p. 110). Evidentemente, essas transmissões são tidas como mais do que "apenas palavras", uma vez que nos discursos militares e governamentais, a linguagem é concebida como possuidora das características de um vírus mortal que pode "agir sobre" o ouvinte. A decisão de "sair do armário" é, então, construída como um ato sexual e, como diz Butler, os enunciados que *representam* uma disposição ou uma prática são transformados nessa disposição ou prática, "num devir, numa transitividade que institui o fim da distinção entre fala e conduta, ao mesmo tempo que depende dessa distinção" (ES, p. 112).

Por outro lado, Butler continua a insistir na disjunção entre fala e conduta, e argumenta que, mesmo que os enunciados possam ser construídos como atos, disso não se segue necessariamente que os enunciados *ajam sobre* o ouvinte de maneira predeterminada (ES, p.113). Além disso, embora sair do armário esteja proibido nos contextos militares, sabemos que os discursos oficiais estão, *eles próprios*, ativos na manutenção dos desejos que proscrevem. "A proibição se torna o espaço deslocado de satisfação para o 'instinto' ou para o desejo que é colocado sob proibição e uma oportunidade para a renovação do instinto sob a chancela da lei condenatória", escreve Butler. "O desejo *nunca* é renunciado, mas se conserva e se reafirma na própria estrutura da renúncia" (ES, p. 117). Longe de relegá-la ao silêncio, a homossexualidade é mantida na própria estrutura da proibição em si e, ao transformar o desejo homossexual num sentimento de culpa, os discursos militares *produzem* a figura do homossexual juntamente com aquilo que Butler chama de "o cidadão masculinista" (ES, p. 121).

Atribuir agência e contágio (ou agência *no* contágio) à palavra homossexual significa definir o sujeito homossexual como violento e perigoso. O discurso militar parece possuir o poder performativo de trazer à existência o que ele nomeia (isto é, a figura do homossexual), e Butler admite que, num plano mais geral, os enunciados são, às vezes, efetivos. Seja como for, aquilo que Butler chama de "uma produção discursiva da homossexualidade, um falar sobre, um escrever sobre, e uma admissão institucional da homossexualidade" não é o mesmo que o desejo ao qual ela está referida: a homossexualidade é *discursiva*, mas não é referencial; em outras palavras, *o discurso sobre o desejo não é sinônimo do próprio desejo* e, portanto, signo e referente continuam distintos (ES, p. 125), enquanto afirmar que a linguagem *age* não é o mesmo que dizer que ela *age sobre* alguém (ES, p. 113).

Butler apela em favor de uma separação da homossexualidade das figuras culturais pelas quais ela é representada no discurso dominante, no qual ela ainda está inteiramente alinhada com o contágio e a doença. A possibilidade de tal separação representa aquilo que Butler chama de "o futuro de nossa vida no âmbito da linguagem", pelo qual os significantes da homossexualidade se abrem à contestação e à rearticulação democrática. De novo, a ressignificação e a temporalidade aberta dos signos que nunca estão, em última instância, semanticamente determinados darão condições para a agência e para a possibilidade no contexto de discursos que são, inevitavelmente, "impuros", e essas características da linguagem inspiram as sugestões, feitas por Butler, de alternativas para a censura e para outras medidas legais.

Contra a censura

Butler argumenta que usar autoridades e regimes tais como a lei ao se apelar, por exemplo, à censura de representações sexuais, pode, efetivamente, reforçar essas instituições e sancionar os violentos discursos antigay/racistas que elas podem empregar no decurso de suas proibições. Por essa razão, é melhor evitar completamente a censura. Como uma alternativa à compensação legal, Butler sugere que é mais efetivo explorar a temporalidade aberta dos signos, os quais podem ser retirados de seus contextos prévios e ressignificados de formas inesperadas e subversivas. No capítulo que conclui *ES*, assim como faz em *BTM*, Butler argumenta que os signos eminentemente *iteráveis* estão sempre sujeitos à expropriação e à re-citação radical. Mais uma vez, ela traz à baila a caracterização que Derrida faz dos signos como repetíveis, relativamente autônomos e, portanto, como não estando inevitavelmente presos aos seus contextos históricos. Em suas considerações sobre historicidade, contexto e convenção, Butler contrapõe as teorias do signo elaboradas por Derrida às descrições da linguagem feitas por Austin e às análises da convenção social realizadas pelo antropólogo e sociólogo francês Pierre Bourdieu em *Linguagem e poder simbólico* (1991) e *O senso prático* (1980). Enquanto Austin insiste na força compulsória da convenção e Bourdieu caracteriza as instituições sociais como entidades estáticas, Derrida afirma que os contextos são "ilimitáveis", na medida em que as instituições estão, tal como a linguagem, sujeitas à transformação social (ES, p. 147). Pode-se romper com as convenções e as instituições, os performativos podem "fracassar" na realização do que se propõem a nomear, e esses fracassos podem ser postos a serviço de uma política radical de ressignificação. Na verdade, Butler considera que Derrida "proporciona uma forma de pensar a performatividade em relação à transformação, à ruptura com contextos anteriores e à possibilidade de inaugurar contextos ainda por vir" (ES, p. 151-152). Enquanto Bourdieu exclui a agência ao declarar que os enunciados performativos só são efetivos quando são pronunciados por quem está no poder (ES, p. 156), Derrida faz do fracasso a marca de sua marca, de modo que aquilo que Butler chama de "a *expropriabilidade* do discurso dominante, do discurso 'autorizado'", torna-o suscetível à ressignificação e à transferência radicais (ES, p. 157).

Butler quer saber, então, o que acontece quando grupos de pessoas oprimidas começam a reivindicar termos dos quais até então foram excluídos, como "justiça" e "democracia". Ela sugere que há, na apropriação dos termos pelos quais se foi insultado, um poder performativo que "esvazia" o termo de seu sentido pejorativo e o converte numa afirmação: "*queer*", "negro" e "mulher" são os exemplos que ela dá (ES, p. 158). Ao mesmo tempo em que Butler continua insistindo nas possibilidades subversivas da apropriação, observamos que ela não esquece a importância dos usos sedimentados do signo, isto é, os significados que os signos possam ter adquirido e o peso desses usos prévios. Embora a história não seja semanticamente determinante, Butler admite que os significados prévios ainda são importantes na constituição das identidades tanto sociais quanto físicas (ES, p. 159). Entretanto, ela também afirma que termos "conspurcados" podem readquirir uma pureza inesperada. Além disso, ela continua a enfatizar a mutabilidade produtiva dos atos de fala, os quais podem ser recontextualizados de forma que venham a assumir significados inesperados. Trata-se daquilo que Butler chama de "a promessa política do performativo, uma perspectiva que coloca o performativo no centro de uma política de hegemonia que propicia um futuro político imprevisto para o pensamento desconstrutivo" (ES, p. 161). A temporalidade aberta do signo significa que insultos e termos pejorativos podem vir a se constituir em oportunidades para contramobilizações e reapropriações radicais. Butler advoga a arriscada prática de se apropriar de termos potencialmente nocivos: "o discurso insurrecional é a reação necessária à linguagem injuriosa", insiste ela, "um risco que assumimos em reação ao fato de termos sido colocados em situação de risco, uma repetição na linguagem que força a mudança" (ES, p. 163; veja também WIC, onde Butler reitera a necessidade política do risco).

Numa entrevista de 2000 a própria Butler dá um exemplo prático da estratégia linguística de assumir o risco que ela advoga, quando descreve o seu encontro com um garoto, em Berkeley, que se debruçou sobre uma janela e lhe perguntou se ela era uma lésbica. Butler respondeu de modo afirmativo, observando que seu interlocutor, que claramente pretendia insultá-la, ficou surpreendido por ela ter se apropriado, com orgulho, do termo. "Fazer isso foi uma coisa muito poderosa", explica Butler, ao se estender sobre o episódio:

> Não é que o termo tivesse partido de mim: recebi o termo e o devolvi; eu o repeti, eu o reiterei. [...] É como se meu interpelador estivesse dizendo: "Ei, o que vamos fazer com a palavra *lésbica*? Ainda vamos usá-la? E eu disse: "Sim, vamos usá-la *deste* modo!" Ou como se o interpelador pendurado na janela estivesse dizendo: "Ei, você acha que a palavra *lésbica* só pode ser usada em público de um modo pejorativo?" E eu disse: "Não, ela pode ser assumida em público! Junte-se a mim!" Nós estávamos tendo uma negociação (CTS, p. 760).

Butler, neste caso, expropria e ressignifica subversivamente a linguagem opressiva, dando um exemplo da prática de apropriação positiva que ela advoga em *ES*. Ao reivindicar o direito à palavra "lésbica" no seu encontro com o "garoto" de Berkeley e, ao reconhecer que há uma série de formas diferentes pelas quais o termo pode ser compreendido ou utilizado, Butler expropria a situação do seu potencial violento de modo que, como diz ao final dessa descrição da iterabilidade-na-prática: "Não, não tem de ser discurso do ódio". Entretanto, resta uma série de questões importantes: pode um único falante retirar um termo tal como "lésbica" de seus contextos prévios para fazê-lo significar de formas inesperadamente "puras"? Se não há um fazedor por trás do feito, então que tipo de agente irá realizar tal recontextualização? E as ressignificações devem ser reconhecidas como tal? Além disso, se as ressignificações ocorrem no interior do discurso e da lei, então como sabemos que elas próprias não são produtos da lei? Por que deveríamos querer nos apropriar de termos que nos oprimiram no passado, especialmente se esses termos não podem ser "expurgados" de suas histórias sedimentadas? Pode acontecer que, tal como o essencialismo estratégico do qual Butler *estrategicamente* se afasta, essas apropriações venham a fortalecer o discurso dominante em vez de debilitá-lo?

Questões finais

Trata-se de questões desafiadoras e, embora muitas delas sejam levantadas ou reconhecidas em *ES*, num estilo caracteristicamente aberto, elas não são satisfatoriamente resolvidas (embora a esta altura nós devêssemos pensar que alguma coisa estaria errada se elas o fossem). Talvez a questão do sujeito ou do agente da fala seja a que tem as implicações mais sérias para a permanente desconstrução das categorias de identidade empreendida por Butler e para suas teorizações da linguagem em *ES*. Se não existe nenhum sujeito prévio, nenhum fazedor por trás do feito, então quem ou o que realiza o tipo de realocações linguísticas e semânticas que Butler exemplifica na entrevista citada anteriormente? Seria possível, para mim, como um "sujeito-efeito", tomar a decisão autônoma e unilateral de que "lésbica" é, agora, um termo afirmativo, especialmente se meu interlocutor não está de acordo comigo? É absolutamente possível que o tal "garoto" deixasse seu breve encontro com Butler com uma visão inalterada sobre o termo "lésbica" e sobre quem se identifica como lésbica, e se poderia argumentar que o modo como avaliamos a eficácia da estratégia de apropriação feita por Butler depende, pelo menos em parte, da reação do garoto.

Nesse caso, parece que, mesmo que os contextos não sejam compulsórios, o consenso semântico ainda é importante na reciclagem bem-sucedida dos performativos. Podemos aceitar, juntamente com Derrida e Butler, que o signo e o referente não estão intrinsecamente vinculados, mas, apesar da natureza arbitrária desse vínculo, ainda não está claro como é possível recombinar signos com referentes alternativos. Assim como o homem do cais, no exemplo de Austin, não pode batizar um navio de *Sr. Stalin*, uma vez que o navio já tivesse recebido um outro nome, os falantes não podem alterar unilateralmente o significado dos signos. Se Butler usa o termo "lésbica" de um jeito, e o garoto de Berkeley ainda o compreende de outro, qual foi exatamente a conquista? De acordo com a própria leitura que Butler faz de Althusser, o garoto de Berkeley poderia continuar a "chamar" Butler de lésbica de um modo agressivo e insultante, e mesmo que Butler possa decidir não se reconhecer na interpelação, a intimação do garoto ainda terá força performativa para sujeitar e subjetivar Butler. Em outras palavras, *ES* não dá uma ideia clara de como os interpelativos podem ser repetidos ou de como os seus sentidos podem ser alterados.

Butler admite que as palavras não podem ser metaforicamente purificadas de suas historicidades, mesmo que ela enalteça o que chama de "a suscetibilidade dos termos conspurcados a readquirirem uma pureza inesperada". Ela dá, entretanto, pouca importância a como, exatamente, os termos conspurcados podem readquirir a "pureza" e, na verdade, ela própria parece relutante em utilizar tais termos em *ES*: enquanto a palavra "*queer*" tem sido extensamente apropriada de modo que em muitos contextos ela não é mais um termo injurioso, há uma dúvida sobre o caso de "crioulo" ["*nigger*"], que ainda é um insulto verbal quando usado em determinados contextos por determinados falantes. A relutância de Butler para ressignificar esse termo (que é usado só uma vez em *ES*) pode ser sintomática de sua hesitação a decidir se as palavras *de fato* ferem e de sua incerteza relativamente ao grau em que as ressignificações radicais se tornam efetivas.

Uma questão adicional, antes já levantada, é decidir se *queremos* fazer as apropriações e ressignificações que Butler advoga, já que esses atos, que superficialmente poderiam parecer subversivos, podem não ser mais do que efeitos do poder. Por que deveríamos conservar ou continuar ligados a termos que nos subordinam, e como será possível distinguir repetições subversivas de repetições que simplesmente fortalecem as estruturas de poder existentes? A questão do vínculo do sujeito à sujeição é o foco de *The Psychic Life of Power*, publicado no mesmo ano que *ES*, no qual Butler retorna à questão da sujeição, da subjetivação e da autossujeição em resposta à interpelação da lei.

Sumário

A linguagem coloca em ação o que nomeia? As palavras ferem? Ameaçar alguém ou falar que vai lhe bater é o mesmo que *efetivamente* fazer isso? A representação do sexo ou a fala sobre sexo/sexualidade deveria ser interpretada como "conduta sexual"? Quem decide se as representações são "obscenas" ou "pornográficas"? E essas representações deveriam ser censuradas? Essas são algumas das questões colocadas por *ES*, no qual, mais uma vez, Foucault, Althusser, Austin e Derrida propiciam quadros teóricos para as análises que Butler faz da linguagem e do sujeito. Em *GT* e em *BTM*, o sujeito foi caracterizado como uma entidade performativa, mas em *Excitable Speech*, Butler argumenta que a linguagem não é necessariamente (ou, na verdade, jamais é) um performativo efetivo; em outras palavras, ela nem sempre coloca em ação o que nomeia. Além disso, se admitimos que o sujeito vem *depois*, e não antes do feito (um argumento apresentado em *GT* e em *BTM* e reiterado em *ES*), então será difícil precisar quem ou o que processar em casos de discurso do ódio ou de "obscenidade/pornografia". Butler também se preocupa em saber o quanto as instituições legais estão implicadas na produção e circulação das representações "violentas" ou "obscenas" ou "pornográficas" que elas aparentemente procuram censurar.

Se aceitamos a formulação de Nietzsche de que não há um fazedor por trás do feito, pode ser difícil ver qual agente ou sujeito conduzirá as mudanças semânticas e linguísticas que Butler descreve como necessárias para o futuro linguístico de determinadas comunidades marginalizadas ou oprimidas. Além disso, é paradoxal a ideia de que termos conspurcados sejam suscetíveis de readquirir a pureza, e a própria Butler admite que as histórias prévias são importantes para determinar o sentido dos signos. Nem sempre fica claro, também, porque termos conspurcados deveriam ser apropriados, pois essa prática pode levar o sujeito a atos de autossujeição que efetivamente reforçam o discurso e a lei: a autossujeição e a vinculação do sujeito à lei são temas tratados em *The Psychic Life of Power*.

5. A PSIQUE

Contextos

Em *Excitable Speech*, Butler sugeria a possibilidade de os sujeitos incorporarem os termos que lhes são ofensivos, enquanto em *The Psychic Life of Power* (*PLP*), ela argumenta que os sujeitos estão presos às estruturas de poder que os subordinam. Interpretando a psique, nesse último livro, através de Hegel, Nietzsche, Freud, Foucault e Althusser, Butler observa que os sujeitos descritos por esses pensadores são formados no ato de se voltar contra si mesmos, numa incorporação culpada da lei que os condena e, dessa forma, os constitui. A formação do sujeito é, de uma só vez, um processo de anulação, superação e preservação (isto é, de *Aufhebung* ou suprassunção). Butler argumenta que, como não existe nenhuma identidade social sem sujeição, o sujeito está passionalmente preso à lei ou à autoridade que o sujeita. Mais uma vez, as identidades são assumidas através do repúdio, da culpa e da perda, e é impossível fugir das estruturas de poder nas quais a formação-de-sujeito se dá ou transcendê-las.

Butler vê, entretanto, certo potencial para a agência nas operações de uma psique que excede a lei em vez de fugir dela. Nesse sentido, *PLP* poderia ser descrito como uma análise do poder da vida psíquica; em outras palavras, do potencial que tem a psique de fazer o poder se voltar contra si mesmo. Tal como antes, Butler se utiliza, em suas interpretações de Hegel, Nietzsche, Foucault e Althusser, da teoria freudiana e da teoria psicanalítica em geral, para descrever como a proibição e o repúdio são funções libidinalmente investidas de estruturas de poder que contêm o potencial para sua própria subversão.

O poder e a psique

Como já sabemos, para Butler, ninguém nasce sujeito mas, em vez disso, se torna um sujeito (para adaptar a formulação de Beauvoir) ao se submeter ao poder (PLP, p. 2). No livro que estamos comentando, Butler o define como "uma categoria crítica [...], uma categoria linguística, um marcador de lugar, uma estrutura em formação [...], o evento linguístico em que o indivíduo adquire e reproduz inteligibilidade" (PLP, p. 10-11). (Para uma exposição interessante sobre a questão do sujeito, veja o verbete correspondente elaborado por Elizabeth Grosz para o livro *Feminismo e psicanálise: um dicionário crítico* (Wright 1992, p. 409-416)). Butler não define "psíquico" ou psique, mas *PLP* se concentra na emergência da consciência, mais especificamente, na sua emergência no interior do discurso e da lei. Como afirma Butler em sua introdução, faz sentido, nesse contexto, teorizar a relação entre o poder e a psique, levando em consideração a forma psíquica que o poder assume e a formação da psique no interior das estruturas de poder. Para isso, Butler utiliza tanto teorias foucaultianas quanto psicanalíticas, não para sintetizá-las, mas para investigar o poder e a psique, um domínio que ela diz não ter merecido a devida atenção dos teóricos das "escolas" ou ortodoxias foucaultianas e psicanalíticas (PLP, p. 3). Apesar de criticar Foucault por não dar a devida atenção ao potencial subversivo da psique em suas considerações sobre o poder, Butler continua a descrever o poder em termos foucaultianos, ou seja, como múltiplo, indeterminado e produtivo. Tal como antes, o sujeito é o *efeito* de um poder prévio (PLP, p. 14-15). Contudo, o poder é também a *condição* do sujeito sem a qual ele não poderia existir como um agente (e, aparentemente, o sujeito *é* um agente, mesmo que esteja imerso nas estruturas de poder) (PLP, p. 14). O sujeito não exerce o poder, e a agência que ele possui é o efeito da subordinação: em outras palavras, o sujeito necessita do poder para ser um sujeito, e sem o poder não haveria possibilidade nem para o *status*-de-sujeito, nem para a agência. O sujeito emerge como o efeito de um poder prévio que ele também excede, mas o poder também *age sobre* um sujeito que parece anteceder (mas não o faz) o poder (PLP, p. 14-15).

Essa linha de causalidade é importante, pois se o sujeito fosse simplesmente o efeito do poder, seria difícil imaginar como ele poderia subverter as estruturas de poder existentes. Butler insiste na agência do sujeito como "a adoção de um propósito *involuntário* do poder, um propósito que não poderia ter sido lógica ou historicamente inferido e que opera numa relação de contingência e de reversão com o poder que o torna possível e, do qual, não obstante, ele é parte" (PLP, p. 15). A relação do sujeito com o poder é ambivalente: ele depende do poder para sua existência e, apesar disso, ele também exerce o poder sob formas inesperadas e potencialmente subversivas. Retornaremos, no devido tempo, às questões da *ambivalência* e da *agência*.

A consciência infeliz

No primeiro capítulo de *SD*, Butler analisa a descrição que Hegel faz do encontro entre o senhor e o servo que trabalha para ele, no qual o servo é levado a trabalhar para conhecer a si mesmo, ainda que saiba que o senhor acabe por se apropriar do objeto sobre o qual ele trabalha. No primeiro capítulo de *PLP*, Butler retorna à descrição que Hegel faz da relação entre o senhor e o seu servo e da consciência infeliz que daí decorre (veja HEGEL 1992: "Independência e dependência da consciência de si: dominação e escravidão", e "Liberdade da consciência de si: estoicismo, ceticismo e a consciência infeliz").

Tal como em *SD*, Butler descreve como o servo trabalha sobre um objeto que ele sabe que acabará por lhe ser subtraído pelo senhor, embora carregue a assinatura do servo. O senhor é, então, uma ameaça à autonomia do servo; no entanto, de acordo com Butler, é nessa ameaça que o servo reconhece a si próprio (*PLP*, p. 39). O trabalho é, para Hegel, uma forma de desejo, um querer ser, e é também o meio pelo qual o servo vem ganhar sentido e conhecer a si mesmo. Uma vez que o objeto sobre o qual o servo trabalha é uma projeção de seu Eu, ele virá conhecer a si mesmo como um objeto transitório que está sempre sujeito a ser apropriado por outrem.

Após o senhor ter deixado em algum momento a relação que os une, o servo internaliza a sujeição sob a qual trabalhou anteriormente, o que resulta numa psique que está cindida entre senhor e servo e num corpo que está desintegrado da consciência. O servo encontra-se agora sujeito a *si mesmo*, uma autossujeição motivada pelo medo dos imperativos ou das normas éticas, isto é, das leis que ele deve obedecer. Butler descreve a progressão do sujeito hegeliano através dos próximos estágios de sua "jornada" fenomenológica: o estoicismo e o ceticismo. Agora, a consciência cindida, infeliz, toma a si mesma como seu objeto de desprezo, de modo que sua identidade é uma espécie de estrutura de conflito e contradição, à maneira de Jekyll e Hyde (*PLP*, p. 46). A consciência infeliz deprecia a si mesma continuamente e na sua fase estoica se constitui naquilo que Butler chama de "um incessante artista da renúncia" porque está sempre renunciando às coisas, inclusive a si mesmo (PLP, p. 49). Segundo Butler, essa autorrenúncia é uma forma de narcisismo negativo e uma "preocupação profunda com aquilo que ele [isto é, o sujeito] tem de mais baixo e de mais sujo"; em outras palavras, a consciência infeliz é fascinada por sua própria abjeção, já que é através de sua abjeção que ela conhece a si mesma (PLP, p. 50).

Paradoxalmente, estoicismo e autorrenúncia são afirmações *prazerosas* do Eu, e aqui Hegel antecipa as análises sobre a lei feitas por Freud em *O mal-estar na civilização* (PLP, p. 53-54). Na tentativa de superar o corpo e o prazer, o sujeito afirma precisamente esses aspectos *através* da renúncia, de maneira que nesse estágio do seu desenvolvimento ele conhece a si mesmo através daquilo que Butler chama de "a santificação da abjeção" (PLP, p. 51). É essa a única forma através da qual o sujeito pode conhecer a si mesmo ou existem alternativas para a automortificação e a autorrenúncia que Hegel descreve na seção quatro da *Fenomenologia*? Butler discute essa questão na análise que faz dos sujeitos e das sujeições pós-hegelianos.

Depois de Hegel

Butler se mostra particularmente interessada no modo como as formas de autodepreciação descritas por Hegel prefiguram as neuroses e o pânico homossexual freudiano (PLP, p. 54). Sua discussão das sujeições e dos sujeitos pós-hegelianos concentra-se na *Genealogia da moral,* de Nietzsche, em *O mal-estar na civilização*, de Freud e em *Vigiar e punir*, de Foucault. Esses textos estão ligados por suas descrições do vínculo do sujeito com a sujeição e a autoabnegação, especificamente a abnegação do corpo ou do desejo.

Nas considerações psicanalíticas sobre a formação-do-sujeito, o corpo nunca é finalmente sujeitado porque a proibição é uma atividade libidinalmente investida. Trata-se de uma formulação que encontramos em *ES*, na qual, tal como aqui, Butler se baseia nas análises sobre a consciência feitas por Freud em *O mal-estar na civilização*. Segundo Freud, o desejo é conservado tanto no ato de renúncia quanto através dele, o que significa que, tal como em *ES*, "o desejo *nunca* é objeto de renúncia, mas acaba por ser conservado e reafirmado na própria estrutura da renúncia" (PLP, p. 56; ES, p. 117). Em consequência, o sujeito está preso à sujeição, uma vez que a própria sujeição proporciona uma espécie de prazer, algo que Nietzsche reconhece na *Genealogia* e um *insight* que é retomado por Foucault em *Vigiar e punir*. Nessas obras, tal como em *O mal-estar na civilização*, a lei proibitiva produz o corpo que se propõe reprimir e, como sabemos, Foucault, diferentemente de Hegel, argumenta que o corpo (em geral) não precede os discursos e as leis que o reprimem (PLP, p. 60). A teorização que Foucault faz sobre a sujeição implica que existe um potencial para a agência e para a subversão que parece estar ausente da *Fenomenologia*, levando Butler a se afastar de Hegel por intermédio de Foucault.

O que caracteriza o sujeito nietzschiano, freudiano, foucaultiano, hegeliano é o fato de estar preso à sujeição. Como vimos, não pode haver sujeito sem sujeição, e isso coloca o sujeito na posição paradoxal de ter de desejar precisamente aquilo que ameaça liquidar com seu desejo (isto é, a proibição). Butler expressa isso na formulação seguinte que é talvez ironicamente repetitiva, já que a frase é repetida literalmente algumas páginas adiante: "o desejo de desejar é uma disposição para desejar precisamente aquilo que excluiria o desejo, ainda que essa exclusão seja apenas a da possibilidade de continuar a desejar" (PLP, p. 61, 79). Uma vez que o desejo é constitutivo, o sujeito pós-hegeliano, em vez de simplesmente não desejar nada, desejará a proibição, mas o fato de estar preso à sujeição não significa que seja incapaz de afirmar sua agência-na-subordinação.

Apaixonados pela lei

Na teorização de Nietzsche e Foucault, o funcionamento da consciência e a produção da psique ou da alma envolvem uma moralidade violenta. Em *A genealogia da moral*, Nietzsche faz uma distinção entre a consciência e a má consciência, definindo a última como uma doença que aflige o "homem": "Vejo a má consciência como a profunda doença que o homem teve de contrair sob a pressão da mais radical das mudanças que viveu – a mudança que sobreveio quando ele se viu definitivamente encerrado no âmbito da sociedade e da paz", escreve ele (1988, p. 72). A moralidade obriga o homem a se voltar para dentro de si e a redirecionar os seus instintos "selvagens" contra si próprio, numa ação que, mais tarde, os psicanalistas iriam caracterizar como repressão (1988, p. 73).

O sujeito de Nietzsche é o efeito da autoviolência e de um movimento contra o Eu, acelerados pela proibição e pela moralidade socialmente impostas. E Butler vai na mesma direção, ao chamar a atenção para o envolvimento do sujeito em atos de autoviolência. "Essa violência institui o sujeito", observa ela; "o sujeito que se oporia à violência, até mesmo à violência em relação a si mesmo, é, ele próprio, o efeito de uma violência prévia sem a qual o sujeito não poderia ter emergido" (PLP, p. 64). Nietzsche enfatiza "a *vontade* do homem de se sentir culpado e desprezível, até ser impossível a expiação, sua *vontade* de se crer castigado, sem que o castigo possa jamais equivaler à culpa, sua *vontade* de infectar e envenenar todo o fundo das coisas com o problema do castigo e da culpa" (1998, p. 35; ênfase do autor). Butler observa, igualmente, o elemento da volição (ou da autovontade) na culpabilidade do sujeito, mas argumenta que a autorreflexividade moral pela qual o sujeito se volta contra si mesmo acaba por ser um ato de autoconstituição.

No capítulo 2 de *PLP,* Butler pergunta se a "má consciência" de Nietzsche não precederia a autocensura reflexiva do sujeito, em outras palavras, se o sujeito não seria o efeito de uma lei que o precede. Na verdade, diz Butler, o sujeito é "uma espécie de ficção necessária [...], um dos primeiros feitos artísticos pressupostos pela moralidade", de modo que é evidente que, tal como em *ES,* a lei fabrica essa entidade sobre a qual ela supostamente exerce seu poder (PLP, p. 66). Butler afirma, de forma importante, que a má consciência nietzschiana é um tropo, uma metáfora e que as descrições de Nietzsche não têm pretensões ontológicas; em outras palavras, Nietzsche *não* está propondo um sujeito ou uma consciência que seja anterior à lei (PLP, p. 69). Retornaremos ao *sujeito tropológico* no devido momento, mas aqui Butler também observa que as descrições de Nietzsche sobre a formação da consciência estão implicadas no discurso moral que ele descreve, pois os termos que ele usa são efeitos da formação da consciência (PLP, p. 77). Argumentar que a *Genealogia* de Nietzsche é, *ela própria*, o produto de uma má consciência levanta a questão de saber se as investigações genealógicas podem, de alguma maneira, ser desvinculadas das estruturas de poder que elas descrevem. Se é impossível pensar o sujeito fora dos termos da regulação, a própria teorização de Butler estará, de maneira similar, discursivamente implicada e acumpliciada com a lei que está teorizando (PLP, p. 77).

Butler vê em Freud ressonâncias da descrição de Nietzsche sobre a má consciência, ressonâncias que aparecem tanto em O *mal-estar na civilização* quanto no ensaio "Sobre o narcisismo" (1914), textos preocupados com as operações da consciência. Em suas análises da neurose, Freud afirma que a psique está libidinalmente presa a um agente proibitivo, que se torna, ele próprio, um elo de desejo. Encontramos essa ideia em *ES* e, em *PLP,* Butler reitera a formulação freudiana de que a libido não é negada quando é reprimida, uma vez que a própria lei está libidinalmente investida. Nesse ponto, Butler repete a sentença que citei anteriormente: "O desejo de desejar é uma disposição para desejar precisamente aquilo que excluiria o desejo, pelo menos quanto à possibilidade de continuar a desejar" (PLP, p. 79). Tal como antes, Butler pressupõe que os sujeitos querem desejar; no entanto, o objeto de seu desejo é precisamente aquilo que os impediria de querer. A repressão e o desejo não podem ser desvinculados, uma vez que a própria repressão é uma atividade libidinal, e o corpo, longe de tentar escapar das interdições morais que se voltam contra ele, mantém essas interdições a fim de continuar desejando (PLP, p. 79). Os sujeitos desejam desejar e, a não desejar absolutamente nada, irão preferir desejar a lei que os ameaça.

"A regulação ética do impulso corporal", isto é, a repressão dos desejos físicos, é, ela própria, um atividade desejante, e no primeiro capítulo de *PLP*, Butler também observa que o agente da lei moral é, de fato, o seu mais grave transgressor (PLP, p. 55-6). Butler dá exemplos literários de arautos da lei moral que experimentam satisfação (sexual?) em impor a proibição, mas se poderia perfeitamente dar também o exemplo do ex-senador dos Estados Unidos, Jesse Helms, que, como vimos no capítulo 4, produz um texto legal "pornográfico" no próprio ato de tentar censurar a pornografia. Em *ES,* Butler também descreveu a proscrição militar do enunciado "homossexual" como paranoica e, no segundo capitulo de *PLP*, ela retorna à teorização que Freud faz da paranoia como uma forma de homossexualidade sublimada (e de novo ela cita a regulação da homossexualidade no exército americano como um exemplo de conservação na renúncia) (PLP, p. 82). Tal como antes, o repúdio e a proibição são atividades altamente produtivas que, simultaneamente, produzem e contêm a homossexualidade ao reprimi-la (PLP, p. 80). Em *O mal-estar na civilização*, de Freud, a proibição produz o desejo que ela proíbe, levando Butler a reafirmar a ideia nietzschiana de que a má consciência faz o Eu, o corpo e o desejo se voltarem contra si mesmos, numa "autocensura narcisicamente alimentada" (PLP, p. 82).

A proibição, a autocensura e a autopunição são necessárias à existência do sujeito; na teorização freudiana a respeito da repressão e da proibição, a libido e o corpo não podem ser efetivamente ou finalmente reprimidos, uma vez que as ações proibitivas são, *elas próprias*, objetos de desejo do sujeito. Há um potencial para a agência no excesso psíquico. Esse *insight* embasa a crítica que Butler faz a Foucault por omitir a psique excessiva e resistente das suas teorizações sobre as operações do poder.

Os prisioneiros de Foucault

Em *Vigiar e punir*, Foucault descreve como a formação-do-sujeito funciona através da formação discursiva do corpo. Como observa Butler, "formação" não é o mesmo que "causação" ou "determinação", de modo que essa formulação foucaultiana não significa absolutamente a simples redução do corpo ao "discurso". Tal como as outras concepções sobre a consciência até agora analisadas por Butler, a sujeição foucaultiana é um processo produtivo, "uma espécie de restrição *na* produção" sem a qual a formação do sujeito não pode se dar. Observando que a psique, que não é sinônimo de inconsciente, é omitida na narrativa de Foucault sobre a sujeição, Butler insiste, na crítica psicanalítica que faz ao pensador francês, que é impossível descrever a sujeição e a subjetivação sem recorrer à teoria psicanalítica, uma vez que sem a psique não há possibilidade de resistência. Em *Vigiar e punir*, Foucault descreve a alma, tomada como sinônimo da psique, como um efeito aprisionador do poder que captura o corpo discursivamente regularizado. Mas Butler argumenta que a psique excede e resiste aos discursos normalizadores descritos por Foucault: "Onde ocorre a resistência à – ou na – formação disciplinar?" pergunta ela.

> A redução da fértil noção psicanalítica de psique à de alma que aprisiona não eliminaria a possibilidade de resistência à normalização e à formação do sujeito, uma resistência que surge precisamente da incomensurabilidade entre a psique e o sujeito? Como poderíamos entender essa resistência? E esse entendimento não poderia implicar, ao longo do percurso, um repensar crítico da psicanálise? (PLP, p. 87).

A "possibilidade de resistência" é decisiva para a teorização que Butler faz sobre o sujeito. Ela pergunta como Foucault pode explicar a resistência psíquica ao poder se a psique/alma tal como ele a concebe não é mais do que um efeito aprisionador. Inversamente, apontando uma lente foucaultiana para a teoria psicanalítica, Butler pergunta se a resistência psíquica, mais do que um meio de abalar o poder, não seria um efeito do poder, uma produção discursiva. A resistência se dá no interior do discurso ou da lei, mas aquilo que Butler chama de "remanescente psíquico" – o elemento da psique que "resta", por assim dizer, quando as operações discursivas fizeram o seu trabalho – significa os limites da normalização, ainda que seja evidente também que o inconsciente não escapa das relações de poder pelas quais ele é estruturado.

Butler levanta, além disso, a questão daquilo que chama "o problema dos corpos em Foucault". Se a alma é a prisão do corpo, como diz ele, isso significa, então, que um corpo preexistente é o alvo da ação das estruturas disciplinares? No artigo "Foucault e o paradoxo das inscrições corporais", Butler descreve aquilo que ela vê como um "paradoxo" nas teorizações de Foucault sobre os corpos e os discursos: embora Foucault afirme que os corpos são discursivamente construídos, suas descrições dos mecanismos de inscrição legal parecem pressupor que eles *preexistem* à lei (FPBI, p. 603). Afastando-se desse paradoxo (ou talvez desenvolvendo-o) em *PLP*, Butler argumenta que o corpo e a alma são formações discursivas que emergem simultaneamente através da sublimação do corpo na alma. "Sublimação" é um termo psicanalítico que descreve a transformação ou o desvio do instinto sexual para atividades "culturais" ou "morais". Butler utiliza-o para descrever o processo pelo qual o corpo é subordinado e, em parte, destruído quando emerge o que ela chama de "o Eu dissociado". (Essa definição de sublimação é tomada de WRIGHT, 1992, p. 416-417). Butler argumenta, entretanto, que a sublimação do corpo na alma ou psique deixa para trás um "remanescente corporal", que excede o processo de normalização e sobrevive como aquilo que ela chama de "uma espécie de perda constitutiva" (PLP, p. 92). "O corpo não é um lugar em que uma construção se dá", argumenta Butler, "ele é uma destruição por ocasião da qual um sujeito é formado" (PLP, p. 92). Encontramo-nos, mais uma vez, no domínio do paradoxo butleriano, mas trata-se de uma elaboração do paradoxo que é central em *PLP*: o sujeito vem a existir quando seu corpo é alvo de uma ação e é destruído (presumivelmente pelo discurso?), o que significa que essa é uma destruição *produtiva* ou, talvez, uma suprassunção ou *Aufhebung*, uma vez que tanto o corpo quanto a psique são simultaneamente formados e destruídos no interior de estruturas discursivas.

O contraste entre a formulação psicanalítica e a foucaultiana sobre o sujeito é evidente: enquanto, para a primeira, a psique, e possivelmente também o corpo, é lugar de excesso e de possível resistência, para Foucault *toda* resistência se dá nos termos da lei – na verdade, a resistência é um efeito da lei. "A resistência surge como o efeito do poder", escreve Butler, parafraseando Foucault, "como uma parte do poder, como sua autossubversão"

(PLP, p. 93). Ainda assim, no modelo foucaultiano, feito de estruturas de poder indeterminadas e difusas, a lei pode ser subversivamente reiterada e repetida para desestabilizar as normas existentes. E Butler se pergunta como e em que direção é possível lidar com as relações de poder pelas quais os sujeitos são produzidos (PLP, p. 100). Uma vez que o sujeito foucaultiano está sempre em processo de construção, esses processos são passíveis de repetição e, por consequência, de subversão, mas Butler chama a atenção para o risco de renormalização nesse modelo de identidade, perguntando-se como é possível extrair a resistência do próprio discurso (PLP, p. 93, 94).

Lendo, mais uma vez, a teoria foucaultiana através de lentes psicanalíticas, Butler argumenta que, uma vez que Foucault diz que a psicanálise vê a lei separada do desejo, não pode haver desejo sem a lei que o produz e o sustenta. Voltamos à noção freudiana da lei libidinalmente investida e de uma proibição que é, por si mesma, uma forma de desejo, de maneira que, em vez de afirmar que o inconsciente está localizado fora das estruturas de poder, Butler argumenta que o *próprio* poder possui um inconsciente que fornece as condições para a reiteração radical. É porque os termos injuriosos da lei pela qual os sujeitos são socialmente construídos são passíveis de repetição e reiteração que eles (os sujeitos) aceitam e assumem esses termos. "Chamada por um nome injurioso, eu venho a existir socialmente e, porque tenho um vínculo inevitável com a minha existência, porque certo narcisismo toma conta de qualquer termo que confira existência, sou levada a abraçar os termos que me injuriam porque eles me constituem socialmente", afirma Butler (PLP, p. 104). As operações de interpelação e a busca apaixonada da lei complementam as formulações foucaultianas e psicanalíticas de Butler e serão consideradas na próxima seção.

A interpelação reversa

Em *PLP,* Butler critica, mais uma vez, a descrição que Althusser faz dos performativos interpelativos eficazes e dos sujeitos obedientes que automaticamente se voltam em resposta ao chamado da lei e, tal como em *BTM* e em *ES*, ela insiste que a lei não possui um poder performativo divino de trazer à existência aquilo que nomeia. Butler compara o "Ei, você aí!" do policial, no exemplo de Althusser, a um batismo religioso ou à nomeação de Pedro e de Moisés feita por Deus, nomeações que compelem o sujeito à existência social. Contudo, essa caracterização do poder divino de nomear pressupõe um sujeito que está disposto a se voltar e a adotar os termos pelos quais é chamado, levantando a questão de saber se há um endereçado anterior ao endereçamento, ou se o ato de nomear traz o sujeito à existência. Como seria de se esperar, a partir das considerações anteriores sobre a interpelação e a performatividade, Butler vai na direção da última alternativa, sugerindo que o sujeito é formado no ato repetido de ser absolvido da culpa da qual é acusado pela lei (PLP, p. 118).

A dupla ação da culpa e da absolvição condiciona o sujeito, de modo que, na teorização de Althusser, ser um sujeito é sinônimo de ser "mau" (PLP, p. 119). Tal como antes, Butler está interessada no modo como a interpelação funciona ao fracassar ou ao "errar o alvo", como diz em *ES*. E no terceiro capítulo de *PLP,* ela enfatiza o potencial subversivo das identidades instáveis e da recusa a se dar a reconhecer no ato de interpelação. Particularmente, se o sujeito é interpelado por um nome que é constitutivo de uma identidade social inferiorizada (os exemplos que Butler dá são "mulher", "judeu", "*queer*", "negro" e "chicana"), o termo simbólico é excedido pelo psíquico ou imaginário (PLP, p. 96-97). Além disso, há mais de uma maneira de "se voltar" e de se dar a reconhecer, de modo que, tal como em *BTM,* a interpelação não é um performativo inequivocamente eficaz que tem o poder de colocar em ação o que nomeia.

A leitura psicanalítica que Butler faz de Althusser no quarto capítulo de *PLP* ("'A consciência nos faz a todos sujeitos': a sujeição de Althusser"), revela como o chamado interpelativo pode ser excedido, em vez de evitado. Segundo Butler, o sujeito de Althusser está passionalmente ligado à lei que o interpela, uma vez que, tal como antes, a identidade social só pode ser adquirida através da culpada adesão à lei. O próprio Althusser dá um exemplo dessa busca voluntária da lei quando, em sua própria descrição, ele se lembra de ter saído correndo pela rua para chamar a polícia depois de ter matado sua mulher Hélène. A proclamação de culpa feita por Althusser inverte a cena interpelativa, de modo que neste instante é o sujeito que grita "Ei, você aí!" para o policial numa tentativa de conseguir o reconhecimento social e o status-de-sujeito que lhe serão conferidos pela condenação.

A interpelação de Althusser se assemelha, então, à moralidade do escravo de Nietzsche ou à descrição da consciência feita por Freud, mas a teorização parece propor um sujeito que precede a lei que o chama (PLP, p. 117). Concentrando-se na ênfase de Althusser sobre a adesão culpada do sujeito à lei e sua autoabsolvição, Butler observa que não há, na verdade, um sujeito que anteceda a encenação desse "rito" (PLP, p. 119). O sujeito vem a existir através das ações simultâneas de submissão e de domínio, todavia nenhum desses atos é realizado pelo sujeito que, mais do que a causa daqueles atos, é o seu efeito (PLP, p. 117). A invocação que Althusser faz, de um sujeito *antes* da lei, é vista como uma questão gramatical, pela qual o sujeito-como-causa é linguisticamente instaurado como *anterior* à ideologia e à interpelação da lei; ao passo que Butler argumenta que o poder, simultaneamente, age sobre o sujeito e o ativa, ao nomeá-lo. "Na medida em que a nomeação é um endereçamento, há um endereçado anterior ao endereçamento", argumenta Butler, "mas dado que o endereçamento é um nome que cria o que nomeia, parece que não há nenhum 'Pedro' sem o nome 'Pedro'" (PLP, p. 111). De novo, isso pode parecer paradoxal, mas na verdade a formulação de Butler é estruturalmente idêntica às inversões entre causa e efeito apresentadas em *GT, BTM* e *ES*, em que, como devemos nos lembrar, não há um fazedor por trás do feito mas o "feito" em si é tudo.

Tal como em suas discussões anteriores sobre a interpelação, Butler lança dúvida sobre quem ou o que precisamente é interpelado por uma lei que confere identidade social na sujeição e questiona a eficácia performativa da lei. A interpelação da lei não é um performativo divino, uma vez que há modos de se voltar que indicam o que Butler chama de "uma disposição a *não* ser, uma dessubjetivação crítica, que pretendem denunciar a lei como sendo menos poderosa do que parece ser" (PLP, p. 130). Antecipando-se ao seu ensaio "O que é crítica?", que também insiste no potencial subversivo da renúncia a reivindicar uma identidade coerente, Butler se pergunta como é possível compreender o desejo como um desejo constitutivo e como as leis exploram sujeitos que se deixam subordinar para poder ocupar sua posição na sociedade. Em vez de responder docilmente aos termos pelos quais se é interpelado, um modo mais ético e subversivo de "ser" consiste, paradoxalmente, *fracassar* em "ser", não se reconhecendo na interpelação da lei (PLP, p. 131). De qualquer maneira, o sujeito não pode, em qualquer sentido coerente, "ser", uma vez que, como sabemos pelas explicações anteriores de Butler, ele é assombrado por seus desejos abjetos e socialmente inaceitáveis. De fato, tal como *GT e BTM, PLP* continua a insistir na melancolia das identidades "generificadas" e sexuadas que desejam sempre, e inevitavelmente, exceder os termos pelos quais elas são socialmente constituídas.

O gênero melancólico revisitado

De que modo as teorizações sobre a sujeição e a subjetivação analisadas por Butler estão especificamente relacionadas às identidades "generificadas" e sexuadas? Em *PLP,* como já vimos, Butler descreve "uma espécie" de identidade homossexual que emerge através da proibição e da perda: a homossexualidade é citada na descrição que ela faz da apropriação subversiva e dos riscos de renormalização, enquanto "*queer*" é um dos exemplos que ela dá ao discutir o processo de interpelação na formação do sujeito. No capítulo 6 de *PLP* ("Gênero melancólico/Identificação recusada"), Butler volta a sua atenção para as identidades "generificadas" e sexuadas, revisitando e ampliando muitos dos argumentos que formulara em *GT* e em *BTM* e utilizando-se novamente de Freud, em particular de "Luto e melancolia", *O ego e o id* e *O mal-estar na civilização*.

Tal como em *GT, BTM* e *ES,* em *PL,* ela argumenta que a proibição e a repressão são constitutivas da identidade. Além disso, Butler especifica que o que se reprime não é apenas o desejo em geral, mas o desejo homossexual (ou a catexia homossexual) em particular. Assim como em *GT,* Butler afirma que o gênero não é um dado, mas um processo: ela se refere à masculinidade e à feminilidade como "conquistas" e à heterossexualidade como uma "aquisição" (PLP, p. 132, 135). Agora Butler pergunta como esses processos – conquistas e aquisições – vêm a ocorrer, a que custo para o sujeito e para os outros sujeitos que podem ser oprimidos e negados nesse percurso. Para se adquirir uma identidade heterossexual coerente, é preciso renunciar a alguma coisa: tal como antes, o que é renunciado é a catexia homossexual primária que caracteriza o id pré-edípico (veja capítulo 2). A proibição, o repúdio e a perda constituem a base da formação do ego heterossexual, e tanto os heterossexuais quanto os homossexuais vivem numa cultura heterossexual de melancolia de gênero, na qual a perda dos vínculos homossexuais primários não pode ser pranteada (PLP, p. 139). O pranto não é apenas uma metáfora em *PLP*, e Butler explora os paralelos entre, de um lado, as descrições da perda psíquica feitas por Freud em "Luto e melancolia" e, de outro, uma cultura heterossexual contemporânea na qual apenas com certa dificuldade os vínculos homossexuais perdidos podem ser pranteados (PLP, p. 138). Butler vê essa incapacidade cultural como sintomática da falta de uma linguagem e de um espaço públicos para prantear "o número aparentemente infindável de mortes" resultantes "da devastação da Aids" (PLP, p. 138). Ainda que esse seja um argumento comovente, a elisão do luto metafórico e real poderia ser interpretada no sentido de implicar que o sujeito heterossexual está consciente do que "perdeu" mas não pode ou não quer admitir e reconhecê-lo.

Seja como for, Butler desenvolve aqui uma das mais fortes discussões iniciada em *GT* – ou seja, a de que a heterossexualidade surge a partir de uma homossexualidade repudiada mas que é conservada na própria estrutura desse repúdio. As catexias homossexuais abjetas não desaparecem simplesmente. Tanto *ES* quanto os primeiros capítulos de *PLP* prepararam o terreno para a afirmação de Butler de que, na verdade, o repúdio e a proibição *requerem* a homossexualidade para se constituírem. Longe de eliminar a homossexualidade, ela é sustentada pelas próprias estruturas que a proíbem. "A homossexualidade *não é* abolida mas conservada, ainda que conservada precisamente na proibição imposta sobre a homossexualidade", insiste Butler (PLP, p. 142).

> A renúncia requer a própria homossexualidade que ela condena, não como seu objeto externo, mas como a sua mais preciosa fonte de sustentação. Paradoxalmente, o ato de renunciar à homossexualidade fortalece, pois, a homossexualidade, mas ele a fortalece precisamente na condição de poder de renúncia (PLP, p. 143).

Há uma importância política óbvia no fato de Butler situar a homossexualidade no âmago de uma cultura homofóbica e "homossexualmente aterrorizada", na medida em que aquilo que é considerado abjeto e inaceitável é postulado como a fonte da identidade heterossexual (embora, evidentemente, Butler não formule a ideia em termos de "fontes"). A identidade de gênero é "adquirida" através do repúdio aos vínculos homossexuais, e o abjeto objeto-de-desejo-do-mesmo-sexo é instaurado no ego como uma identificação melancólica, de maneira que eu somente posso ser uma mulher se desejei uma mulher, e só posso ser um homem se desejei um homem. Uma vez que a identidade heterossexual está fundada no desejo proibido por membros do mesmo sexo, desejar um membro do mesmo sexo quando adulto significa fazer o gênero "entrar em pânico" ou, em outras palavras, colocar em risco uma identidade heterossexual aparentemente coerente e estável ao revelar que, na verdade, ela está longe de ser estável ou coerente (PLP, p. 136).

O desejo homossexual do sujeito heterossexual não é destruído mas sublimado. Além disso, a desaprovação e o repúdio estruturam a "*performance*" de gênero (o gênero performativo foi discutido no capítulo 3). Em *PLP,* Butler parece fundir performatividade, *performance* e psicoterapia, quando argumenta que o que é "encenado" nessas "*performance*s de gênero" é o pranto, não resolvido, da homossexualidade repudiada (PLP, p. 146). Assim como em *GT* e em *BTM,* Butler focaliza a "identificação de *cross-gender*" ou o *drag* como um paradigma para pensar a homossexualidade, uma vez que o *drag* é uma alegoria da melancolia heterossexual, na qual o *performer drag* (homem) assume o gênero feminino que ele repudiou como um possível objeto de amor. Ampliando esse paradigma para a identidade de gênero em geral, Butler afirma que a lésbica melancólica "mais verdadeira" é a mulher estritamente hétero, e o gay melancólico "mais verdadeiro" é o homem estritamente hétero" (PLP, p. 146-147). Em outras palavras, a identidade "hétero" acentuada ou exagerada é sintomática do desejo homossexual repudiado numa cultura de melancolia heterossexual, na qual os desejos repudiados "retornam" sob o disfarce de "identificações hiperbólicas" (PLP, p. 147).

A melancolia homossexual pode ser caracterizada por uma espécie diferente de perda, dessa vez não uma perda psíquica, mas a perda real das pessoas que morreram de Aids e que não tiveram o pranto que lhes é devido, numa cultura heterossexista, antigay que não permite o luto dessas mortes. As identidades homossexuais também podem estar fundadas numa catexia heterossexual rejeitada que se parece com a melancolia heterossexual. Embora Butler reitere a promessa política daquilo que chama de "melancolia gay" (PLP, p. 147), ela argumenta que a catexia heterossexual rejeitada pode manter a heterossexualidade intacta ao perder a oportunidade de denunciar a sua fragilidade e as suas fissuras (PLP, p. 148). Butler reitera, assim, o potencial político de se admitir a melancolia e a perda quando se abre mão de todas as pretensões à coerência ontológica e se aceita a "alteridade" sexuada e "generificada", em vez de repudiá-la.

A melancolia afirmativa

Os capítulos anteriores enfatizaram a importância da melancolia para as teorias de Butler, e a ideia é igualmente central em *PLP*, em que argumenta que a melancolia dá início à representação, ao mesmo tempo que é, ela própria, um meio de representação. Sem a perda e a resultante melancolia não haveria nenhuma necessidade para a descrição metafórica do ego na teoria psicanalítica, uma vez que a melancolia ao mesmo tempo exige e favorece essa descrição. Além disso, a melancolia, bem como o ego, são tropos que são representados em termos topográficos – em outras palavras, as metáforas usadas pelos psicanalistas para representar o ego e a melancolia são espaciais. O mais notável entre esses tropos é o do ego que se volta contra si próprio, e Butler argumenta que a reviravolta provocada pela perda e pela subsequente melancolia é constitutiva de um ego que não existe anteriormente à reviravolta (PLP, p. 171). É a perda que torna necessária a descrição da "cena" psíquica, pois, se o ego não estivesse assim "debilitado", não haveria necessidade da teoria psicanalítica e suas metafóricas representações da vida psíquica. A melancolia dá início à vida psíquica e, ao exceder as estruturas de poder nas quais os sujeitos são formados, apresenta possibilidades para a subversão e para a agência. Pelo menos parte desse "excesso" é ontológico, uma vez que o sujeito melancólico não é autoidêntico nem singular. Em "Luto e melancolia", o ego toma a si mesmo como objeto e dirige sua ira brutal contra si próprio, uma ação que caracteriza as teorizações sobre o ego discutidas por Butler. Agora Butler argumenta que a melancolia é cultivada pelo estado e internalizada pelos cidadãos, que não têm consciência de sua relação com uma autoridade que dissimula a si mesma. E, ainda que aparentemente a melancolia seja um efeito do poder, há maneiras pelas quais se pode utilizar a autoviolência e a melancolia constitutivas do sujeito para fins subversivos.

"Bhabha argumenta que a melancolia não é uma forma de passividade, mas uma forma de revolta que se dá por meio da repetição e da metonímia", diz Butler, referindo-se ao crítico pós-colonial Homi Bhabha. Fazendo coro com o *insight* de Bhabha, ela afirma que a melancolia agressiva pode ser "convocada" a serviço do luto e da vida, ao eliminar a agência crítica ou superego e ao voltar a agressão "revertida" do ego para fora (PLP, p. 190-191). Há formas de melancolia que não envolvem a autodepreciação violenta descrita por Hegel, Nietzsche e outros pensadores. Além disso, Butler argumenta que reconhecer o traço da perda que inaugura a emergência do sujeito levará à sua sobrevivência psíquica. Tal como Derrida, Butler insiste que reconhecer a melancolia que nos constitui implica aceitar a nossa Outridade, uma vez que a melancolia é um processo no qual o outro é instaurado no ego como uma identificação (PLP, p. 195-6). A noção de autonomia ontológica deve, portanto, ser abandonada como uma ficção. "Reivindicar a vida [...] significa contestar a psique moralista, não por um ato de vontade, mas pela submissão a uma sociabilidade e a uma vida linguística que torna tais atos possíveis, uma submissão que excede as fronteiras do ego e a sua autonomia", escreve Butler; "persistir no nosso existir significa render-se, desde o começo, a termos sociais que nunca são plenamente os nossos" (PLP, p. 197). Isso ecoa a convicção de Butler, em *ES*, de que o sujeito é constituído por interpelativos que ele não escolheu. Nas páginas finais de *PLP*, Butler reitera seu argumento de que a interpelação atua pelo fracasso, uma vez que ela nunca constitui completamente o sujeito que ela "intima". De qualquer maneira, a relação do sujeito com a interpelação e o poder continua ambivalente, uma vez que a interpelação da lei traz o sujeito à existência ao subjetivá-lo.

O Eu ambivalente e marcado pela perda é, na melhor das hipóteses, frágil, mas a agência consiste em renunciarmos a qualquer pretensão à coerência ou à autoidentidade, submetendo-nos à interpelação e subversivamente *não* reconhecendo os termos pelos quais somos intimados. Essas recusas e reconhecimentos *fracassados* se dão no interior de estruturas de poder que nos sujeitam e nos controlam, e isso poderia nos levar a questionar o quanto a submissão é um veículo de agência e se é possível reconhecê-la como tal. Butler retomou essas questões ao discutir – em suas duas conferências: "O que é crítica?" e *A reivindicação de Antígona*, bem como no livro do qual é coautora, *Contingência, hegemonia, universalidade* – o luto, a melancolia e os riscos ontológicos da autoincoerência.

Sumário

Em *PLP* Butler faz uso de paradigmas teóricos psicanalíticos, foucaultianos e althusserianos, entre outros, para discutir a relação do sujeito com o poder. O sujeito está passionalmente ligado à lei que tanto o sujeita quanto o constitui, existindo numa relação ambivalente com as estruturas de poder que, diante da alternativa de não desejar simplesmente nada, ele prefere desejar. Butler critica Foucault por deixar de fora a psique em suas teorizações sobre o poder, a alma e o corpo, afirmando que existe potencial para o excesso subversivo numa psique que nunca está completamente determinada pelas leis que a sujeitam. Além disso, os "chamados" interpelativos da lei descritos por Althusser não precisam ser soberanos ou efetivos: Butler vê, no fracasso desses performativos, mais um potencial para a subversão.

A própria melancolia, se reconhecida, pode se constituir numa oportunidade para a afirmação e a subversão e, embora Butler, mais uma vez, caracterize as identidades sexuadas/"generificadas" como resultantes da perda primária ou da forclusão, ela argumenta que reconhecer o traço do Outro é a única forma de o sujeito vir a ser qualquer coisa que seja. A agência consiste em renunciar a qualquer pretensão à autocoerência, enquanto arriscar o nosso *status* ontológico pode ser o meio de uma revolta bem-sucedida.

DEPOIS DE BUTLER

Os questionamentos teóricos de Butler sobre o sujeito têm provocado importantes debates sobre identidade, gênero, sexo e linguagem, propiciando novas direções para a teoria feminista, a teoria *queer* e a filosofia (entre outras áreas, cujo número é grande demais para listar). Sua influência no âmbito da teoria feminista e da teoria *queer* tem sido decisiva, embora, como vimos no primeiro capítulo deste livro, Butler não se pretenda uma "inauguradora" ou "fundadora" da teoria *queer* (a qual, por certo, não tem fundadores). Enquanto um crítico da segunda edição de *SD* identificou Butler como "a mais famosa filósofa feminista dos Estados Unidos", outros consideram a teórica *queer* por excelência, e *GT* é visto por muitos como o livro com o qual tudo começou. Assim, a filósofa Lois McNay, por exemplo, afirma que a obra de Butler mudou a compreensão feminista da identidade de gênero (1999, p. 175), enquanto para Jonathan Dollimore ela é "a mais eclética e brilhante teórica da sexualidade dos últimos anos" (1996, p. 553).

É preciso dizer que as teorias de Butler têm provocado tanto hostilidade quanto admiração e, a julgar pela quantidade de comentários e críticas recentes, parece que os debates surgidos a partir de sua obra não foram, de modo algum, "resolvidos". Sob esse aspecto, o título deste capítulo é, de certo modo, enganador, pois sugere que "Butler" foi um evento que aconteceu e que acabou, deixando para outros críticos e pensadores a tarefa de lidar com as consequências antes de decidir em que direção seguir daí em diante. A expressão que dá título ao capítulo sugere erroneamente algum tipo de encerramento, ao passo que Butler continua mantendo uma relação ativa e dialética com seus próprios textos, bem como com os textos de outros pensadores e pensadoras críticos. Ao mesmo tempo, sua influência sobre um diversificado conjunto de campos teóricos tem sido enorme: um rápido exame da exaustiva bibliografia dos trabalhos de Butler feita por Eddie Yeghiayan e da enorme quantidade de textos daqueles que a tomam como referência revela a extensão de sua influência sobre a teoria *queer*, a teoria feminista, os estudos fílmicos, os estudos literários, a sociologia, a política e a filosofia, entre outros campos.

Antes de tentar descrever o que aconteceu "depois de Butler", este capítulo final irá apresentar um breve levantamento de seu trabalho recente, juntamente com uma discussão sobre as formas específicas pelas quais seu pensamento tem sido influente. Finalmente, examinarei brevemente os trabalhos de Butler que, até o fechamento da primeira edição em língua inglesa do presente livro (2002), estavam por ser publicados, e os campos nos quais, atualmente, ela vem fazendo intervenções teóricas que continuam lhe granjeando notoriedade como pensadora e teórica.

O que restou de Butler?

Qual é a importância política da teoria e qual é o papel político da intelectual ou do intelectual (se é que ela ou ele tem um papel)? Podem as leis existentes ser subvertidas? E, em caso positivo, que espécie de agente provocará tal subversão?

É possível ter uma relação crítica com as normas que nos formam? É a democracia um projeto político que tem a realização social como meta, e quais seriam os efeitos de tal fechamento político? Inversamente, qual é a consequência de uma *falta* de fechamento? As pessoas que vivem atualmente à margem das estruturas sociais deveriam fazer campanha em favor da assimilação ou deveriam continuar a viver numa relação mais crítica e oblíqua, ainda que necessariamente mais custosa, com as instituições pelas quais elas são rejeitadas mas simultaneamente constituídas?

Essas são algumas das questões que Butler levanta em "O que é crítica?", *Contingência, hegemonia, universalidade* e *A reivindicação de Antígona*, três trabalhos publicados em 2000, enquanto uma entrevista, "Mudando de assunto/mudando o sujeito: a política de ressignificação radical de Judith Butler", tenta responder a algumas dessas questões. Os trabalhos recentes de Butler continuam a desestabilizar as categorias e as normas do sujeito, sugerindo alternativas de ressignificação radicais que podem abalar a lei ao denunciar seus limites. O foco de sua escrita tem sido sempre implicitamente político, mas seus últimos trabalhos tendem a enfatizar o impulso político e ético subjacente às teorias que alguns leitoras e críticos têm considerado obscuras, abstratas e divorciadas das "realidades concretas" (veja adiante). (Para um exemplo de sua escrita explicitamente política, veja o artigo "Fundações contingentes: feminismo e a questão do pós-modernismo", no qual Butler teoriza o sujeito ao discutir a Guerra do Golfo). No prefácio à edição de aniversário de *GT*, ela faz questão de afirmar que tem revisado suas teorias à luz de seus envolvimentos políticos; diz, particularmente, que o seu trabalho junto à Comissão Internacional de Direitos Humanos de Gays e Lésbicas levou-a a repensar o sentido do termo "universalidade", enquanto o seu envolvimento com uma revista psicanalítica progressista, *Studies in Gender and Sexuality*, acrescentou o que alguns chamariam de uma dimensão "prática" ao seu pensamento psicanalítico.

Em *O que restou da teoria?*[12] (2000), uma coletânea de ensaios críticos, Butler e suas co-organizadoras levantam a questão dos usos políticos da teoria e da literatura. As organizadoras jogam repetidamente com a palavra *"left"* ao perguntar se o que elas denominam de "uma análise literária politicamente reflexiva" tem deixado para trás a teoria, e se a teoria deve ser deixada para trás para que surja uma análise literária de esquerda (WLT, p. x, xii). Com exceção do quinto e do sexto capítulos de *BTM,* a literatura e o literário não têm um papel destacado nos textos de Butler, e quando ela se envolve na análise literária é, em geral, para enfatizar um argumento político ou teórico. De qualquer maneira, as questões levantadas no prefácio de *O que restou da teoria?* poderiam se aplicar igualmente à "filosofia", que seria onde provisoriamente situaríamos a obra de Butler se a isso fôssemos obrigadas. A filosofia é política? E quais são os usos políticos da filosofia? Ou, por outro lado, deve a esquerda política abandonar a filosofia para se envolver com o mundo de um modo mais prático?

Em resposta a essas questões, se poderia dizer que as conexões entre a política, a filosofia e a teoria (e, nesse caso, a literatura) estão implícitas na insistência de Butler de que o sujeito deveria assumir uma relação crítica com os discursos e as normas de governo. Os três trabalhos anteriormente citados, publicados em 2000, oferecem várias perspectivas sobre obediência, assimilação e resistência à autoridade. Em *O que restou da teoria?*, Butler descreve como os atuais limites ontológicos e epistemológicos podem ser questionados pela prática daquilo que ela chama, seguindo Foucault, de "a arte da insubordinação voluntária" (WIC, p. 12). Do mesmo modo, em suas contribuições a *Contingência, hegemonia, universalidade*, uma série de discussões com dois outros teóricos, Ernesto

Laclau e Slavoj Žižek, Butler continua a afirmar que o ato de recuperar subversivamente o uso de termos opressivos contribuirá para subverter as estruturas hegemônicas, expondo seus limites. Já em *A reivindicação de Antígona*, ela apresenta a protagonista de Sófocles, Antígona, como um exemplo literário dessa subversiva e crítica relação com as leis e as normas existentes.

Desde seus primeiros escritos até o presente, Butler tem se envolvido em uma contínua desestabilização das categorias do sujeito e das estruturas discursivas nas quais essas categorias são formadas, um exercício crítico que é empreendido não pelo simples prazer do exercício, mas para expor os limites, as contingências e as instabilidades das normas existentes. Butler continua a fazer esses questionamentos e indagações nesses três textos, embora seja parte de seu projeto político *não* dar respostas às difíceis e perturbadoras questões que coloca.

Influência

Até mesmo teóricas que não concordam com as formulações de Butler sobre o sujeito, o corpo, a política e a linguagem reconhecem o impacto que suas ideias têm tido num amplo conjunto de campos teóricos e críticos. No *Dicionário biográfico Blackwell de filósofos do século XX*, o verbete "Butler" descreve a performatividade como a condição *sine qua non* do feminismo pós-moderno e menciona a importância do trabalho de Butler na teoria feminista, na teoria gay e lésbica, na psicanálise e nos estudos de raça (SHILDRICK, 1996). A filósofa feminista Susan Bordo, por exemplo, considera as intervenções "pós-modernas" de *GT* nas teorizações de gênero "extremamente perspicazes [...] e pedagogicamente úteis" e as vê como um quadro de referência para explorar a tarefa da autoconstrução. Ela classifica, além disso, as denúncias de Butler sobre o funcionamento do heterocentrismo e do essencialismo como "inteligentes" e "brilhantes" (Bordo, 1993, p. 290). McNay concorda com a opinião de que as ideias de Butler têm sido importantes para descortinar novos campos teóricos e críticos para o feminismo, e sugere que, mais do que qualquer outra teórica feminista, Butler, com seus argumentos sobre a identidade de gênero como profundamente arraigada mas não imutável, levou a teoria feminista para além das polaridades do debate essencialista (McNay, 1999, p. 175). Embora Bordo e McNay discordem de Butler em alguns aspectos significativos, ambas reconhecem a importância das teorias que desconstroem e desestabilizam visões essencialistas, normativas e naturalistas sobre "a mulher".

Como destaca McNay, as teorizações de Butler sobre a identidade como dialética têm sido extremamente influentes em outras áreas de estudo além da teoria feminista, mesmo quando suas ideias são questionadas (1999, p. 177). Dollimore, que teoriza a "dissidência sexual", reconhece o ecletismo brilhante de Butler (ainda que esse possa ser considerado um elogio às avessas), mas acha que algumas de suas descrições são a-históricas e "irremediavelmente erradas" (1996, p. 533-535). De qualquer maneira, os questionamentos que Butler faz ao fundacionalismo e ao essencialismo são importantes para as críticas anti-identitárias da teoria *queer* (O'Driscoll, 1996, p. 31) e para a sua resistência aos regimes da normalidade (Warner, 1993, p. xxvi). As caracterizações que Butler faz das identidades homossexual e heterossexual como instáveis, como processos inconstantes que ocorrem repetidamente através do tempo e as suas teorizações das identidades sexuais e de gênero melancólicas representam grandes conquistas teóricas. As suas teorias efetivamente põem à mostra "os fundamentos contingentes" de todas as categorias de identidade. E o seu argumento de que a heterossexualidade é (inconscientemente) dependente do seu "Outro" abjeto – a homossexualidade – constitui uma contestação efetiva ao sentimento antigay e ao heterocentrismo. Dollimore mostra-se preocupada, entretanto, com o fato de Butler caracterizar a heterossexualidade como paranoica, bem como com a visão de que o desejo gay é incompleto a não ser que esteja subversivamente instalado no interior da heterossexualidade (DOLLIMORE, 1996, p. 534-535).

As desestabilizações da identidade feitas por Butler têm sido utilizadas em outros campos teóricos em que "o sujeito unitário" tem sido problematizado. Em "Diáspora e hibridismo: as identidades *queer* e o modelo de etnicidade", Alan Sinfield traça as conexões entre as descrições das estratégias miméticas feitas por Bhabha e as identidades performativas teorizadas por Butler (1996, p. 282-283). Apesar das reservas feitas por Sinfield sobre a eficácia política da mimese, a comparação feita por ele demonstra a larga aplicação teórica da noção de que as identidades são instáveis e imitativas (embora deva ser notado que *O local da cultura*, de Bhabha, foi publicado no mesmo ano que *GT*, de maneira que, outra vez, Butler não pode, de modo algum, ser identificada como a "fonte" de tais ideias). O artigo da socióloga Vikki Bell, "A mimese como sobrevivência cultural: Judith Butler e o antissemitismo", também traz a performatividade para o domínio da raça, na medida em que Bell sugere que a ênfase na mimese na obra de Butler em particular e na teoria feminista em geral pode estar vinculada às respostas filosóficas ao antissemitismo após a Segunda Guerra Mundial. Ao se concentrar na mimese como "sobrevivência cultural", Bell liga o trabalho de Butler sobre gênero às teorizações de etnicidade e raça/racismo, "chamando a atenção", assim, "para o contexto histórico e político específico no qual se dão esse comportamento mimético e essa encenação da identidade" (1999a, p. 134). Esse é um argumento importante uma vez que o a-historicismo e a descontextualização são duas das acusações feitas com maior frequência contra a obra de Butler.

O sujeito/gênero

A desconstrução do sujeito feita em *GT* representou, na época de sua primeira edição, em 1990, uma intervenção importante nos debates referentes à identidade e à política de identidade. Embora o livro tenha sido "adotado" por leitores que perceberam o potencial político contido na sua desestabilização das categorias de identidade, outros teóricos e críticos reagiram contra aquilo que viram como uma perigosa e niilista "eliminação" do sujeito (veja o capítulo 2 deste livro). Já discutimos a preocupação demonstrada pela filósofa política Benhabib com aquilo que ela percebe, na obra de Butler, como a tese nietzschiana da "morte do sujeito". Por outro lado, os sociólogos Hood Williams e Cealy Harrison suspeitam que Butler esteja construindo uma nova ontologia de gênero baseada na performatividade. Assim, enquanto Benhabib julga que Butler está destituindo o feminismo de seus fundamentos (o que, na verdade, faz parte de seu projeto político), Hood Williams e Cealy Harrison argumentam que ela faz isso apenas para poder propor um fundamento alternativo – a performatividade.

Se esses dois grupos de teóricos veem as teorizações de Butler sobre a performatividade como fundacionais, a crítica feminista Moi descreve o *poder* como o princípio primordial de Butler (1999, p. 47). Enquanto o suposto fundacionalismo de Butler, juntamente com seu indiscutível foucaultianismo (isto é, o foco que ela põe sobre as operações de poder no processo de formação do sujeito), têm incomodado alguns de seus críticos, outros se sentem perturbados por seu freudianismo, ou pelos "usos" que ela faz da teoria freudiana (por exemplo, veja Hood Willliams e Cealy Harrison, 1998, p. 83, 85). Prosser (1998, p. 32) também faz objeções ao uso que Butler faz de Freud, rejeitando a performatividade como simplesmente *errada*, baseado no fato de que há indivíduos transgêneros que aspiram a identidades não performativas, constatativas (veja também o capítulo 2 deste volume).

A filósofa feminista Nancy Fraser, por outro lado, pergunta se a formação do sujeito precisa ser sempre opressiva (BENHABIB *et al.*, 1995, p. 68). Assim como Benhabib, Fraser está preocupada com a desconstrução do sujeito promovida por Butler e afirma que, para Butler, a liberação das mulheres significa a liberação da identidade. A formação do sujeito através da violência e da exclusão é crucial para as teorizações sobre a identidade feitas por Butler e, na sua réplica a Fraser, ela insiste que os sujeitos falantes vêm a existir através da exclusão e da repressão (BENHABIB *et al.*, 1995, p. 139). Como Butler afirma repetidas vezes, a desconstrução do sujeito não é a mesma coisa que sua *destruição*: ela envolve investigar a fundo os processos de sua construção, bem como as consequências políticas do pressuposto de que o sujeito é pré-requisito da teoria (BENHABIB *et al.*, 1995, p. 36). Como sabemos, os argumentos de Butler não param por aqui. Além disso, a sua desconstrução da "matéria" do sexo tem sido tão ou mais discutida do que suas teorizações sobre o gênero.

O corpo

As formulações de Butler sobre a materialidade e sobre o corpo provavelmente estão entre suas teorias mais controvertidas, e continuam a intrigar suas leitoras e seus leitores (veja os capítulo 2 e 3). A teórica Barbara Epstein escreve que "é pouco crível a afirmação de que a diferença sexual é socialmente construída". Ela rejeita os argumentos de Butler, com base no que lhe parece ser o fato evidente de que "a imensa maioria dos seres humanos nasce macho ou fêmea" (EPSTEIN, 1995, p. 101). Terry Lovell, por outro lado, aceita a tese de que o sexo e o gênero são construídos, mas argumenta que se trata de construções sociais *necessárias* e imprescindíveis, enquanto

Moi insiste que o corpo é "real" e "substancial". Rejeitando o "velho clichê" de que a linguagem e a matéria são indissolúveis, Moi afirma que Butler corre o risco de deixar de fora "o corpo concreto, histórico que ama, sofre e morre" (1999, p. 51, 49).

Na verdade, esse *não é* o corpo que Butler tenta descrever, embora ela não questione a existência de corpos concretos em situações históricas concretas (é isso precisamente que ela argumenta ao final de *SD*). Da mesma maneira, a filósofa Carrie Hull, tal como Moi, percebe sérias lacunas políticas nas teorizações de Butler sobre a materialidade, e conclui seu artigo na revista *Radical Philosophy* insistindo que existem algumas coisas que estão, *sim*, enraizadas numa realidade material sexuada: "as criaturas que chamamos de mulheres têm realmente uma base material em comum, ainda que elas tenham outras coisas em comum com as criaturas que chamamos de homens" (HULL, 1997, p. 33). Percebendo uma disjunção entre, de um lado, as raízes hegelianas e idealistas de Butler e, de outro, a sua rejeição do materialismo (o que é possivelmente uma manobra idealista), Hull afirma que rejeitar o materialismo impossibilita uma análise política das operações do capitalismo, da sociedade e da economia, uma vez que, de novo, essas teorizações são insuficientes para tratar daquilo que Hull denomina "a base real do sofrimento" (1997, p. 32).

Tal como Moi, Hull insiste que há diferentes "'modalidades' de materialidade", mas ela não entra em detalhes sobre quais são essas modalidades nem especifica *como* é possível fazer afirmações positivas sobre o corpo material sem se envolver em violência e exclusão. Além disso, não é inteiramente acurado dizer que Butler rejeita a materialidade ou o materialismo, uma vez que no prefácio de *BTM*, ela faz o possível para assegurar à leitora ou ao leitor que aceita a realidade de "experiências primárias e irrefutáveis" tais como a alimentação e o sono, o prazer e a dor (BTM, p. xi). O fato de Butler se preocupar tanto e tão consistentemente com a violência excludente sugere que ela não ignora, de modo algum, as suas consequências, isto é, o sofrimento aí implicado, mas ainda é possível ver como suas teorias, por concederem pouca atenção à interioridade e à "experiência", podem ser interpretadas como dando pouca importância ao sofrimento.

É assim que Prosser interpreta a ênfase de Butler no reconhecimento e no visual nas suas teorizações sobre o sexo em *GT* e *BTM*, salientando que a desliteralização teórica que Butler faz do sexo como a projeção de uma superfície está baseada numa leitura e citação equivocadas da obra de Freud *O ego e o id*. (Em *GT* e *BTM*, Butler argumenta, através de Freud, que o corpo é um efeito psíquico e projeção do ego, mas em *O ego e o id*, Freud argumenta que o ego é um efeito corporal, ao afirmar que o ego é uma projeção mental da superfície do corpo, com origem em sensações corporais (PROSSER, 1998, p. 41).) Exatamente da mesma maneira que Hull argumenta que Butler não pode teorizar sobre o sofrimento ou a opressão econômica sem recorrer ao materialismo, Prosser restabelece a "experiência" como o fundamento das identidades "generificadas" e sexuadas. Mas Butler não nega, de modo algum, a existência da "experiência" ou do sofrimento, mesmo que seja verdade que grande parte de sua obra esteja empenhada em desconstruir "fundamentos" ontológicos (tais como o postulado "Eu sinto/experimento, então eu existo") para revelar seu caráter infundado. As desconstruções que Butler faz da matéria correm o risco de deixar de fora a dor e o sofrimento, mas o foco que ela coloca sobre a significação é deliberado, uma vez que ela pode conter possibilidades subversivas para a *res*significação do sexo e do gênero.

A linguagem

No capítulo inicial deste livro ("Por que Butler?"), citei uma seção de *SD* na qual Butler reconhece a dificuldade de ler Hegel (SD, p. 19) e a alertei para o fato de que tal descrição também poderia se aplicar ao estilo de prosa da *própria* Butler, que se tornou notória pelo que é considerado por muitos como sua obscuridade, obliquidade e incoerência. Com sorte, você não deve ter se sentido desencorajada por essa descrição, já que salientei, também, que as sentenças de Butler agem estrategicamente sobre suas leitoras e seus leitores, de tal modo que *o que* está sendo dito complementa a forma *como* é dito. Longe de constituir um estilo "intimidante" de escrita, tal como foi caracterizado por uma crítica, trata-se de um estilo tão dialético, de um modo de escrita tão ativo, na verdade, tão *performativo*, que exemplifica a própria performatividade.

Se o estilo de Butler é performativo, faria pouco sentido para ela teorizar o sujeito incoerente, incompleto e instável utilizando frases que parecessem lúcidas, conclusivas e epistemologicamente "sólidas". Não é assim que muitos leitores e leitoras de Butler têm abordado a questão do seu estilo de escrita, que às vezes parece, de fato, se enquadrar na descrição que ela própria faz das sentenças "confusas, pesadas, desnecessariamente densas" de Hegel. O conjunto de objeções mais persistentes talvez venha da filósofa Martha Nussbaum em seu artigo "A Professora de paródia" (1999), no qual Butler é reprovada por aquilo que Nussbaum denomina o "espesso caldo" de sua prosa – oblíqua, densa e inconcludente. (Para uma leitura do trabalho de Nussbaum, veja EAGLESTONE, 1997, p. 36-60). Na verdade, foi Nussbaum quem utilizou o epíteto "intimidante", anteriormente mencionado, para descrever os leitores e leitoras que se sentiriam ameaçados pelo amplo leque de filósofos e teorias a que Butler alude, sem explicar quem ou o que são ou como estão sendo utilizados. O ataque de Nussbaum (que é, a seu próprio modo, "intimidante") insiste, a propósito da linguagem de Butler e das suas teorizações sobre a linguagem, em três pontos principais: 1) o estilo de prosa de Butler é elitista, oblíquo e autoritário; 2) o grupo que Nussbaum denomina de "pensadoras feministas de um novo tipo simbólico" reduz a materialidade – particularmente o sofrimento e a opressão – ao que essas feministas veem como "uma insuficiência de signos"; e 3) a linguagem *não* é equivalente à ação política, e acreditar que o seja leva a um quietismo político e a uma conivência com o mal (NUSSBAUM, p. 1999).

Nussbaum não apenas está reprovando o modo de escrita de Butler, mas também rejeitando as bases de sua teoria (a performatividade, a citacionalidade, a paródia, juntamente com a desconstrução da "matéria"), em virtude de sua ênfase no simbólico. "A *performance* paródica não é tão ruim assim quando se é uma poderosa professora vitalícia numa universidade com simpatias esquerdistas", argumenta Nussbaum. "Mas é aqui", continua ela, "que a ênfase de Butler no simbólico, sua arrogante desatenção ao lado material da vida se transforma numa cegueira fatal. Para as mulheres famintas, analfabetas, desamparadas, espancadas, estupradas, não é *sexy* ou libertador reencenar, por mais paródico que seja, as condições de fome, analfabetismo, desamparo, violência e estupro. Essas mulheres preferem a comida e a integridade de seus corpos" (NUSSBAUM, 1999). Nussbaum argumenta que acadêmicas americanas do tipo de Butler sucumbiram à "ideia extremamente francesa" de que falar de forma rebelde representa uma ação política importante, levando-as a rejeitar a materialidade em favor de uma política verbal e simbólica que está apenas debilmente ligada ao que Nussbaum denomina "a situação real das mulheres reais" (NUSSBAUM, 1999).

Embora Nussbaum desfie uma extensa ladainha a respeito da opressão e das oprimidas, essas "mulheres reais" que padecem de um sofrimento "real" continuam inquietantemente indeterminadas, e não há nenhum exemplo "concreto" do tipo de intervenção que as filósofas feministas das universidades americanas deveriam empreender. Escrevendo em defesa de Butler, Spivak argumenta que as mulheres "famintas", "analfabetas" simplesmente aludidas por Nussbaum se envolvem frequentemente nas práticas performativas de gênero que Butler descreve. Além disso, Spivak rebate a afirmação de que "o quietismo modernoso [...] de Butler é conivente com o mal" com o argumento de que "o igualmente modernoso paternalismo americano para com as 'outras mulheres' é conivente com a exploração" (veja a réplica de Spivak em "Martha C. Nussbaum e suas críticas: um diálogo".)

As acusações de Nussbaum podem ser virulentas (ou, como diz Spivak, "maliciosas"), mas o fato de que a discussão crítica a respeito da questão da linguagem tenha provocado tanta comoção é um indicador de sua importância. Fraser considera o ensaio de Butler "Contingent Foundations" "profundamente anti-humanista", por causa de seu estilo autorreflexivo e de sua falta de atenção ao impacto e às consequências políticas desse estilo de escrita (BENHABIB *et al.*, 1995, p. 67). McNay, por sua vez, concorda com Fraser, afirmando que a descrição que Butler faz da questão da agência é formal, abstrata e que lhe falta aquilo que McNay chama de "dimensão hermenêutica" (ainda que ela não esteja se referindo aqui apenas ao estilo de escrita de Butler) (MCNAY, 1999, p. 178). O estilo de Butler também foi objeto de ataque no *New York Times* e, em 1999, ela foi "premiada" por "escrever mal" pela (direitista) revista acadêmica *Philosophy and Literature*.

Seria estranho se uma professora de retórica cuja obra está tão profundamente preocupada com a linguagem e a significação não prestasse atenção ao peso de sua própria linguagem, mas as frequentes alusões de Butler ao modo como ela escreve confirmam que seu estilo é uma estratégia política consciente e não se trata de arrogância ou de "desatenção orgulhosa", atitudes das quais ela tem sido acusada. Em sua réplica ao ataque do *New York Times*, Butler pergunta por que críticas sociais agudas se expressam numa linguagem difícil e exigente, e em resposta afirma que essa escrita questiona as suposições tácitas daquilo que, em geral, passa por "senso comum", ao provocar novas formas de observar um universo familiar. Numa entrevista recente, Butler também questiona a assim chamada "linguagem corriqueira", afirmando, mais uma vez, que, ao escrever de um modo não facilmente acessível, o crítico desestabiliza aqueles que são, possivelmente, os mais caros pressupostos do leitor ou da leitora. É assim, diz ela, que o novo chega ao mundo (aqui ela está seguindo Bhabha), na medida em que o penoso esforço de "atravessar" uma linguagem difícil exige tomar uma atitude crítica em relação ao mundo social tal como ele está atualmente constituído. Tornar-se uma intelectual crítica envolve trabalho duro em cima de textos difíceis que exigem atenção, concentração e possivelmente "tradução" por parte da leitora ou leitor. Esse processo hermenêutico desfará o pressuposto errôneo de que leitores e escritores partilham de uma linguagem comum (CTS, p. 734), exigindo a "leitura cuidadosa" à qual Butler conclama na sua segunda contribuição ao *Feminist Contentions* (BENHABIB *et al.*, 1995), juntamente com a análise meticulosa, "ruminativa" que, seguindo Nietzsche, ela recomenda em "O que é crítica?" ("Ruminar" é um modo de ler, que Butler toma emprestado de Nietzsche para descrever a análise demorada e cuidadosa que a teoria e a filosofia exigem. Veja WIC, p. 5, e NIETZSCHE, 1998, p. 15).

Evidentemente, Butler vê a *própria* linguagem como uma arena política e como uma estratégia de subversão. Mesmo assim, nos vemos frente às objeções de Nussbaum às assim chamadas filósofas feministas do novo tipo simbólico que, segundo ela, pensam que, para ser políticas, é suficiente falar ou escrever sobre política. A escrita de Butler é política? Ou, quando omite (ou ignora) as "realidades" materiais, como suas críticas dizem que ela faz, ela está efetivamente se esquivando por completo da política?

A política

Se Martha Nussbaum escreve com veemência sobre a relação de Butler com a linguagem, ela é igualmente enfática sobre a questão da política de Butler. Evidentemente, a linguagem e a política estão vinculadas, e muitas das objeções de Nussbaum à política de Butler (ou ao que ela percebe como a sua *falta* de envolvimento político) são similares às que ela faz sobre a questão da linguagem. Nesse contexto, a palavra que Nussbaum mais usa é "quietismo", através da qual ela pretende dizer que as teorias de Butler ou defendem ou promovem uma aceitação passiva do *status quo* ao afirmar que os discursos existentes só podem ser retrabalhados mas não evitados. De acordo com Nussbaum, as teorizações de Butler sobre o poder e a agência dão origem a atos de protesto individualistas, menores, tais como "jogar com a feminilidade", "virando-a do avesso, fazendo piadas a respeito dela, encenando-a diferentemente", como diz Nussbaum (1999), de uma forma um tanto reducionista. Nussbaum não considera a paródia ou o *drag* alternativas viáveis para determinados grupos de "mulheres oprimidas", e argumenta que a rejeição de Butler às "noções normativas universais" pode ter consequências legais e sociais perigosas. Essas omissões, ainda segundo Nussbaum, deixariam um "vazio" no âmago de um projeto político que seria incapaz de explicar por que algumas formas de subversão (tais como a paródia e o *drag*) seriam "boas" enquanto outras (tais como a sonegação de impostos) não seriam. A própria Nussbaum, entretanto, é claramente normativa em sua abordagem: "você não pode simplesmente resistir ao seu bel-prazer", ela afirma, "pois há normas de justiça, decência e dignidade que determinam que atos como esses [sonegação de impostos, etc.] constituem casos de má conduta. E temos, então, que deixar claras essas normas – e isso Butler se recusa a fazer" (1999).

Fraser, por sua vez, percebe uma lacuna semelhante no âmago da política de Butler, a qual, do seu ponto de vista, não apenas não tem um sujeito (Fraser pensa que Butler compreende a libertação das mulheres como uma libertação da identidade), mas também omite os julgamentos normativos e as alternativas emancipatórias que Fraser afirma ser essenciais para uma política feminista libertadora. "As feministas precisam de desconstrução *e* de reconstrução", ela argumenta, "desestabilização do sentido *e* projeção de uma esperança utópica" (BENHABIB *et al.,* 1995, p. 71). Por outro lado, McNay argumenta que o deslocamento das normas sociais restritivas representa um modelo de agência negativa e, tal como Nussbaum, considera a performatividade como uma prática política primordialmente individualista que é historicizada e contextualizada inadequadamente. Como exemplo, McNay observa que a ressignificação do termo "*queer*" pode depender de um complexo conjunto de mudanças sociais e econômicas a que Butler dá pouca atenção. Ela argumenta, além disso, que é importante contextualizar a ressignificação no âmbito de relações socioeconômicas mais amplas, a fim de compreender a agência como um conjunto de práticas integradas mais do que como uma potencialidade estrutural abstrata (McNay, 1999, p. 183, 187, 190). De forma similar, Bordo argumenta que as teorizações de Butler sobre o corpo e o gênero são abstratas e dão uma ideia limitada dos contextos e do funcionamento da paródia subversiva. Assim, embora Butler esteja profundamente atenta ao funcionamento do falocentrismo e do heterossexismo, seu "programa" derridiano/foucaultiano faz com que ela enfatize e celebre a resistência sem contextualizá-la cultural e historicamente (Bordo, 1993, p. 292-295).

É certamente verdade que os textos de Butler não contêm prescrições para a prática política. E leitoras e leitores que busquem orientação sobre *como* exatamente deveriam colocar em ação modos de gênero performativos e paródicos ou *quais*, precisamente, são as melhores formas de resistir às normas dominantes, podem ficar desapontados. Entretanto, tal como ocorre com o seu estilo de escrita, não se trata de uma omissão da parte de Butler (ou daquilo que Nussbaum chamaria de "quietismo"), mas sim de uma deliberada estratégia de resistência – especificamente, neste caso, de uma resistência estratégica ao apelo para que ela especifique ou prescreva práticas políticas efetivas. Numa entrevista dada a Vikki Bell, Butler ironicamente explica por que *GT* não conclui com "cinco sugestões sobre como proceder":

> O que eu acho realmente engraçado – e provavelmente isso parece mesmo estranho considerando o nível de abstração no qual trabalho – é que realmente acredito que a política tem um caráter contingente e contextual que não pode ser previsto no nível da teoria. E acredito que quando a teoria começa a se tornar programática, no estilo "aqui estão minhas cinco prescrições", e estabeleço minha tipologia, e meu capítulo final é chamado "O que deve ser feito?", isso liquida por antecipação todo o problema do contexto e da contingência, e eu realmente acho que as decisões políticas são tomadas naquele momento vivido e não podem ser previstas a partir do nível da teoria (BELL, 1999, p. 166-167).

Para uma intelectual que tem teorizado a performatividade tão extensivamente como aquele aspecto do discurso que tem o poder de colocar em ação o que nomeia pode realmente parecer "estranho" minimizar a performatividade política de sua própria escrita, mas as asserções de Butler são consistentes com sua ênfase no valor político da contingência e na importância de reconhecer que o "acontecimento" e o "contexto" não podem ser inteiramente determinados por antecipação. Consequentemente, na entrevista já citada, Butler se reconhece como "uma utópica irônica": trata-se de uma autointerpelação que expressa o seu compromisso com a sugestão de alternativas às configurações políticas existentes, ainda que admita que essas alternativas são instáveis e contingentes (Bell, 1999b, p. 167).

O fato de que Butler compreenda seu trabalho como irônico, envolvido no passado e no futuro e, portanto, nunca efetivamente presente (uma caracterização que lembra suas descrições do sujeito ontológico) não significa que ele seja apolítico ou desengajado, e ela dá mostras de franqueza ao admitir a disjunção existente entre, de um lado, a teoria e, de outro, a política e sua consciência dos limites políticos da teoria. Além disso, a qualificação de "quietismo" não descreve com precisão teorias que estão envolvidas num questionamento ativo e consistente das normas existentes e das estruturas discursivas. Mesmo que Butler admita a direção ou aspiração normativa existente em seu trabalho, é evidente que ela invoca tais normas sem deixar de reconhecer sua contingência e instabilidade. Se as teorias políticas de Butler parecem "individualistas", como afirma Nussbaum, isso se dá porque os atos de insubordinação voluntária que ela descreve não podem ocorrer dentro de um completo quadro de prescrição política universal que simplesmente substituiria uma estrutura hegemônica por outra, frustrando, assim, a ampla cultura política de contestação que Butler considera um pré-requisito da democracia e da mudança democrática (CHU, p. 161).

A literatura

Ainda que Butler se envolva com crítica literária apenas ocasionalmente (por exemplo no artigo sobre Wallace Stevens (NTI) e em *BTM*), suas ideias têm tido alguma influência nos estudos literários, em geral para enfatizar alguma opinião política ou filosófica. Numa coletânea de ensaios intitulada *Novos discursos feministas*, Carol Watts argumenta que a concepção do gênero como uma escolha cultural, desenvolvida por Butler, se mostra útil para a análise literária feminista, uma vez que oferece um modelo para pensar a literatura como o lugar cultural da construção de gênero (WATTS, 1992, p. 83). A interpretação que Jaime Hovey faz do romance *Orlando*, de Virginia Woolf, é uma leitura desse tipo. Hovey interpreta como mascarada a representação das identidades "generificadas", sexuadas e racializadas (HOVEY, 1997, p. 396-7) e, embora reduza a performatividade à *performance*, sua leitura é um exemplo de como as ideias de Butler podem ser úteis na interpretação de textos de ficção que representam a formação do sujeito e a autoconstrução. Assim, Jonathan Goldberg, em sua contribuição à coletânea *Leituras queer da ficção*, reconhece a importância das leituras que Butler e Sedgwick fazem dos romances de Willa Cather como narrativas de conhecimento sexual (GOLDBERG, 1997), enquanto Tilottama Rajan analisa a representação do desejo no romance *Memórias de Emma Courtney*, de Mary Hays, utilizando-se de uma perspectiva hegeliana e butleriana (RAJAN, 1993).

Finalmente, as críticas de Butler sobre a natureza excludente das categorias de identidade são úteis na análise da construção dos estudos literários feministas. Mary Eagleton considera a escrita da história literária das mulheres como um problema de suplementaridade, e seu argumento de que as novas histórias, feitas de uma perspectiva inclusiva, expõem os limites e as exclusões das histórias tradicionais se baseia nas teorizações de Butler sobre a identidade e a exclusão (e sobre a identidade como exclusão) (EAGLETON, 1996, p. 16).

Conclusões dinâmicas

No começo deste capítulo, argumentei que o título "Depois de Butler" era de certo modo prematuro, uma vez que ela ainda está ativamente envolvida nos debates políticos e filosóficos, pois continua escrevendo e pesquisando. Trabalhos que estão por surgir incluem a organização de um livro sobre os corpos na teoria, um diálogo com Homi Bhabha sobre a sujeição, um artigo sobre ética e diferença sexual, e um ensaio sobre o gênero como tradução no conto de Willa Cather, *Na rota da gaivota* (Veja YEGHIAYAN, 2001). Como Butler lembra a seu colega Ernesto Laclau em "Conclusões dinâmicas" (sua contribuição final à *Contingência, hegemonia, universalidade*), ela, de modo algum, tem "ficado parada", e continua vigilante e desconstrutivamente consciente do desenvolvimento estratégico de discursos e significantes políticos que podemos nos permitir empregar momentaneamente, "em sua forma estabilizada, aceita" apenas para desestabilizá-los e deslocá-los, com mais força, em outros contextos (CHU, p. 269-270). O que isso significa na prática é que o trabalho de Butler continua a exemplificar a "política de desconforto" que ela identifica como um elemento crucial na obra de Foucault, não para irritar ou alienar suas leitoras e leitores, mas para que normas existentes e pressupostos comumente aceitos possam ser questionados e genealogizados.

Fazer as normas e os universais entrar numa crise produtiva pode não tornar Butler popular em certas áreas da academia, mas isso não a impede de continuar empenhada em levantar questões difíceis utilizando uma escrita "difícil", com o propósito de colocar em xeque os pressupostos paroquiais e criar possibilidades para a diferença radical:

> Para mim, há mais esperança no mundo quando podemos questionar aquilo que é comumente aceito, em especial quando se trata da questão do que significa ser humano... O que se pode qualificar como um humano, como um sujeito humano, um discurso humano, um desejo humano? Como circunscrevemos o discurso ou o desejo humano? A que custo? E às custas de quem? Essas são questões que considero importantes e que

funcionam no interior da gramática cotidiana, da linguagem cotidiana, como noções comumente aceitas. Temos a impressão de que sabemos as respostas...

Este livro não tentou fornecer "respostas" para a "questão" Butler ou para qualquer dos problemas que ela apresenta em sua obra. E, no mínimo, com alguma sorte, o livro terá revelado formas novas, talvez radicais, de pensar a diferença, mesmo que isso implique se sujeitar à inquietação e ao desconforto que Butler considera como parte crucial do processo de pensar criticamente.

LEITURAS COMPLEMENTARES

Para uma lista completa dos trabalhos de e sobre Butler, veja a excelente e exaustiva bibliografia de Eddie Yeghiayan: <http:// goo.gl/abrT6>. Acesso em: 20 de março de 2012.

As seções que se seguem trazem detalhes dos mais importantes trabalhos de Butler[13] e de outros que são relevantes para este livro. Adicionalmente, a seção comentada "Leituras teóricas essenciais" inclui muitas das fontes às quais Butler se remete.

Obras de Judith Butler

Livros

Subjects of Desire: Hegelian Reflections in Twentieth-Century France. Nova York: Columbia University Press, 1987 (reimpressão em 1999).

O primeiro livro de Butler sobre as interpretações de Hegel feitas pelos filósofos franceses do século XX é uma leitura valiosa, mesmo que você não esteja familiarizada com Hegel, Sartre e outros. Leia o primeiro capítulo, "Desejo, retórica e reconhecimento na *Fenomenologia do espírito* de Hegel" e o quarto, "As lutas de vida e morte do desejo: Hegel e a teoria francesa contemporânea" para ter uma ideia de Hegel e de seus intérpretes franceses. O prefácio à reimpressão de 1999 também é muito útil.

Gender Trouble: Feminism and the Subversion of Identity. Nova York: Routledge,1990. (Edição de aniversário 1999).

É importante que você leia este livro de ponta a ponta, mas se realmente não tiver tempo, poderia ler pelo menos a seção 1 do primeiro capítulo, as seções 3 e 5 do segundo capítulo e a seção 4 do terceiro capítulo. Essas seções discutem os seguintes temas: sexo/gênero/desejo; melancolia; poder, proibição, agência; subversão paródica; e performatividade. Não deixe de ler também o prefácio à reimpressão do 10° aniversário.

Há uma tradução do livro em português, realizada por Renato Aguiar, intitulada *Problemas de gênero. Feminismo e subversão da identidade*, publicada pela Civilização Brasileira, Rio de Janeiro, 2003.

Bodies That Matter: On the Discursive Limits of 'Sex'. Nova York: Routledge, 1993.

O livro de Butler sobre a construção discursiva do "sexo" continua a debater uma série de argumentos que já haviam sido formulados em *Gender Trouble*. Não obstante o falo lésbico (que você encontrará no segundo capítulo), são muito importantes o primeiro e o oitavo capítulos ("Corpos que pesam" e "Criticamente Queer"), se você não puder ler o livro inteiro. A introdução também é útil.

Essa introdução foi traduzida por Tomaz Tadeu, com o título "Corpos que pesam: sob os limites discursivos do 'sexo'", e integra o livro *O corpo educado. Pedagogias da sexualidade*, organizado por Guacira Lopes Louro, publicado pela Autêntica Editora, Belo Horizonte, 1999.

Excitable Speech: A Politics of the Performative. Nova York: Routledge, 1997.

A discussão de Butler sobre a linguagem e a representação do ódio não é muito longa, e é um de seus livros mais "acessíveis". Os capítulos podem ser lidos como ensaios distintos, mas o primeiro, "Sobre a vulnerabilidade linguística", contém importantes teorizações sobre o enunciado em Austin, Althusser e outros.

The Psychic Life of Power: Theories in Subjection. Stanford: Stanford University Press, 1997.

Lendo a psicanálise através de Foucault, e Foucault através da psicanálise, Butler nos oferece releituras úteis de ambos. Há mais Hegel no primeiro capítulo, seguido por Freud, Foucault, Nietzsche e Althusser. O quarto capítulo, "'A Consciência nos faz a todos sujeitos': a sujeição de Althusser", retorna ao cenário do homem na rua tal como descrito por Althusser, enquanto o sexto, "Princípios da psique: melancolia, ambivalência, raiva", traz mais teorizações sobre a melancolia.

Antigone's Claim: Kinship Between Life and Death. Nova York: Columbia University Press, 2000.

Um pequeno livro contendo três conferências nas quais Butler discute estruturas de parentesco no âmbito da hegemonia heterossexual. Você não necessita estar familiarizada com a peça de Sófocles para que os argumentos façam sentido, e a terceira conferência "Obediência promíscua", traz as observações de Butler sobre as estruturas de parentesco contemporâneas e as alternativas de "parentesco radical".

Livros em coautoria

BENHABIB, Seyla; BUTLER, Judith; CORNELL, Drucilla; FRASER, Nancy. *Feminist Contentions: A Philosophical Exchange*. Londres: Routledge, 1995.

BUTLER, Judith; LACLAU, Ernesto; ŽIŽEK, Slavoj. *Contingency, Hegemony, Universality: Contemporary Dialogues on the Left*. Londres: Verso, 2000.

BUTLER, Judith; GUILLORY, John; THOMAS, Kendall. *What's Left of Theory? New Work on the Politics of Literary Theory*. Londres: Routledge, 2000.

Artigos

"Sex and Gender in Simone de Beauvoir's *Second Sex*", *Yale French Studies* 72, New Haven: Yale University Press, 1986, p. 35-41.

Este artigo e o seguinte são mais ou menos idênticos e contêm as primeiras formulações sobre o gênero como processo, como algo construído e dialético. Leia qualquer um deles.

"Variations on Sex and Gender: Beauvoir, Wittig and Foucault". In: BENHABIB, Seyla; CORNELL, Drucilla (Orgs.). *Feminism as Critique: Essays on the Politics of Gender in Late-Capitalist Societies*. Cambridge: Polity Press, 1987, p. 129-42.

"Foucault and the Paradox of Bodily Inscriptions". *Journal of Philosophy* 86 (11), 1989, p. 601-7.

Um importante artigo, mais antigo, que traz "de forma embrionária" (por assim dizer) muitas das formulações sobre sexo e gênero que Butler desenvolve em *Gender Trouble, Bodies That Matter* e em obras posteriores.

"Sexual Ideology and Phenomenological Description: A Feminist Critique of Merleau-Ponty's *Phenomenology of Perception*". In: ALLEN, Jeffner; YOUNG, Iris Marion (Orgs.). *The Thinking Muse: Feminism and Modern French Philosophy*. Bloomington: Indiana University Press, 1989, p. 85-100.

"The Force of Fantasy: Mapplethorpe, Feminism, and Discursive Excess". *differences: A Journal of Feminist Cultural Studies* 2 (2), 1990, p. 105-25.

Butler escreve sobre a censura. Alguns argutos argumentos expondo a fraqueza e as anomalias das campanhas antipornografia.

"Gender Trouble, Feminist Theory, and Psychoanalytic Discourse". In: NICHOLSON, Linda J. (Org.). *Feminism/Postmodernism*. Londres: Routledge, 1990, p. 324-40.

"Imitation and Gender Insubordination". In: FUSS, Diana (Org.) *Inside Out: Lesbian Theories, Gay Theories*. Londres: Routledge, 1990, p. 13-31.

"The Nothing That Is: Wallace Stevens' Hegelian Affinities". In: COWAN, Bainard; KRONICK, Joseph G. (Orgs.). *Theorizing American Literature: Hegel, the Sign, and History*. Baton Rouge: Louisiana State University Press, 1991, p. 269-87.

Para quem está interessado em Hegel e no poeta Wallace Stevens.

"Contingent Foundations: Feminism and the Question of Postmodernism". In: BUTLER, Judith; SCOTT, Joan (Orgs.). *Feminists Theorize the Political*. Londres: Routledge, 1992, p. 3-21.

Um artigo importante no qual Butler teoriza o pós-modernismo, o feminismo e "o sujeito" no contexto da Guerra do Golfo.

"Gender". In: WRIGHT, Elizabeth (Org.). *Feminism and Psychoanalysis: A Critical Dictionary*. Oxford: Blackwell, 1992, p. 140-5.

Útil e sucinto se você tem pressa em captar o básico.

"Endangered/Endangering: Schematic Racism and White Paranoia". In: WILLIAMS, Robert Gooding (Org.). *Reading Rodney King / Reading Urban Uprising*. New York: Routledge, 1993, p. 15-22.

Butler escreve a respeito da "raça" no contexto do julgamento dos agressores de Rodney King. Alguns dos argumentos desse artigo antecipam o livro *Excitable Speech*.

"Against Proper Objects". *differences: A Journal of Feminist Cultural Studies* 6 (2), (3), 1994, p 1-26.

Butler argumenta contra a "territorialização" da teoria *queer*, dos estudos gays e lésbicos e da teoria feminista. Uma leitura instigante.

"For a Careful Reading". In: BENHABIB, Sheila; BUTLER, Judith; CORNELL, Drucilla; FRASER, Nancy (coautoras). *Feminist Contentions: A Philosophical Exchange.* Londres: Routledge, 1995, p. 127-43.

A réplica de Butler às críticas que lhe são feitas traz algumas descrições úteis sobre performatividade.

"Sexual Inversions". In: HEKMAN, Susan J. (Org.). *Feminist Interpretations of Michel Foucault.* Philadelphia: Pennsylvania University Press, 1996, p. 344-61.

Uma oportuna releitura de Foucault, na qual Butler argumenta passionalmente que a morte é uma indústria discursiva numa época de epidemia, na qual homossexuais são patologizados e avanços médico-tecnológicos não estão prontamente disponíveis para pessoas portadoras de Aids.

"Universality in Culture". In: COHEN, Joshua (Org.). *For Love of Country: Debating the Limits of Patriotism: Martha C. Nussbaum with Respondents.* Boston: Beacon Press, 1996, p. 43-52.

Butler contesta os universais e afirma a necessidade de empreender o difícil trabalho de tradução cultural. Semelhante ao seu trabalho em *Contingency, Hegemony, Universality*, mas bem mais curto.

"Performative Acts and Gender Constitution: An Essay on Phenomenology and Feminist Theory". In: CONBOY, Katie; MEDINA, Nadia; STANBURY, Sarah (Orgs.). *Writing on the Body: Female Embodiment and Feminist Theory.* Nova York: Columbia University Press, 1997, p. 401-17.

(Publicado também em CASE, Sue-Ellen (Org.). *Performing Feminisms. Feminist Critical Theory and Theatre.* Baltimore: Johns Hopkins University Press, 1990.)

"Revisiting Bodies and Pleasures". *Theory, Culture and Society* 16 (2), 1999, p. 11-20.

Butler argumenta contra a tendência a abandonar os conceitos de sexo e desejo no ímpeto de adotar os conceitos de corpos e prazeres, tal como advogado por Foucault na *História da Sexualidade v. 1.* Assim como em "Against Proper Objects", ela expressa suas reservas sobre algumas pautas da teoria *queer.*

"Restaging the Universal: Hegemony and the Limits of Formalism"; "Competing Universalities"; "Dynamic Conclusions". In: BUTLER, Judith; LACLAU, Ernesto; ŽIŽEK, Slavoj (coautores). *Contingency, Hegemony, Universality: Contemporary Dialogues on the Left.* Londres:Verso, 2000, p. 11-43, 136-181, 263-280.

As três contribuições de Butler neste livro criticam os universais e as normas e afirmam o valor da contingência como estratégia política. Butler propõe questões como as seguintes: a compatibilidade entre, de um lado, a psicanálise e a política em geral e, de outro, o lacanismo e a hegemonia em particular; o futuro do feminismo; a possibilidade da agência; o papel do kantianismo, do universalismo e do historicismo no campo teórico; e a necessidade de autocrítica para quem faz teoria crítica.

"What is Critique? An Essay on Foucault's Virtue". In: IN-GRAM, David (Org.) *The Political: Readings in Continental Philosophy.* Londres: Basil Blackwell, 2001.

Trata-se da Conferência Raymond Williams, apresentada na Universidade de Cambridge em maio de 2000. O "ensaio" autoestilizado de Butler sobre a autoestilização como uma forma de crítica pergunta quem conta como um sujeito e o que conta como uma vida. Esta leitura é clara e precisa, e se constitui numa retrospectiva útil dos seus trabalhos anteriores. Também deixa claro por que Butler faz tantas questões.

Artigos em português

"O parentesco é sempre tido como heterossexual?" *Cadernos Pagu,* 2003, n. 21. p. 219-260. Tradução de Valter Arcanjo da Ponte e revisão de Plínio Dentzien, do artigo "Is Kinship

Always Already Heterosexual?", publicado originalmente em *differences:* A Journal of Feminist Cultural Studies (13)1, 2002, p.14-44.

"O limbo de Guantánamo. *Novos Estudos – CEBRAP.* Tradução de Alexandre Morales. Março 2007, n. 88, p. 223-231.

"Desdiagnosticando o gênero". *Physis,* 2009, v. 19 (1), p. 95-126. Tradução de André Rios, revisão técnica de Márcia Arán. Publicado originalmente em BUTLER, Judith. Undiagnosing Gender. In: *Undoing Gender.* New York: Routledge, 2004, p. 74-101.

"Vida precária". *Contemporânea.* Dossiê Diferença e (des) igualdades. Tradução de Angelo Marcelo Vasco e revisão de Richard Miskolci. v. 1, janeiro-julho 2011, p 13-33.

Entrevistas

"The Body You Want: Liz Kotz Interviews Judith Butler". *Artforum International*, 3 Nov., (XXXI), 1992, p. 82-9.

Leia, se você puder conseguir um exemplar da revista. Butler parece estar à vontade e disposta a falar e tem umas boas tiradas ("Não acredito que gênero, raça ou sexualidade tenham de ser identidades. Acho que são vetores de poder". "Estou um pouco cansada de ser *queer*... e é claro que eu sou totalmente *queer*, por assim dizer").

"Gender as Performance: An Interview with Judith Butler". *Radical Philosophy: A Journal of Socialist and Feminist Philosophy* 67 (Summer), 1994, p. 32-39.

(Publicada também em Peter Osborne (Org.). *A Critical Sense. Interviews with Intellectuals*, Londres: Routledge, 1996, p. 109-125.)

Essa entrevista foi dada na sequência de *Gender Trouble* e *Bodies That Matter* e, entre outros assuntos, Butler discute performance, performatividade, psicanálise, "raça" e o falo lésbico. Útil e acessível.

"On Speech, Race and Melancholia: An Interview with Judith Butler", *Theory, Culture and Society* 16 (2), 1999, p. 163-74.

O foco aqui é a psicanálise, mas Butler também discute "raça", "racialização" e melancolia.

"A Bad Writer Bites Back". *New York Times*, 20 março 1999. Acesso em: 31 out. 2000.

Conciso e pertinente.

"Politics, Power and Ethics: A Discussion Between Judith Butler and William Connolly". *Theory and Event* 4 (2), 2000. Online. Disponível em <http://goo.gl/bkTOX> (apenas se você ou sua instituição tem acesso à base de dados do *Project MUSE*). Teoricamente provocador, este texto contém discussões interessantes sobre ética, universalidade e dialética, temas que Butler questiona ou critica.

"Changing the Subject: Judith Butler's Politics of Radical Resignification", Gary Olson e Lynn Worsham, *JAC* 20 (4), 2000.

Uma entrevista muito útil. Contém respostas ponderadas de Butler às críticas que são feitas ao seu estilo.

Entrevistas em português

"Como os corpos se tornam matéria: entrevista com Judith Butler". Baukje Prins e Irene Costera Meijer. Tradução de Susana Bornéo Funck. *Revista de Estudos Feministas,* v. 10 (1), Florianópolis, jan. 2002, p.155-167.

Com Gayle Rubin. "Tráfico sexual – entrevista". *Cadernos Pagu*. N. 21, Campinas, 2003, p. 157-209.

Com Adriana Cavarero. "Condição humana contra 'natureza'". Tradução de Selvino J. Assmann. *Revista de Estudos Feministas,* v. 15 (3), Florianópolis set./dez. 2007, p. 647-649. Publicada originalmente em CAVARERO, Adriana; BUTLER, Judith. "Condizione umana contro 'natura'". *Micromega. Almanacco di Filosofia*, Roma: Gruppo Editoriale L'Espresso, n. 4, p. 135-146, 2005.

"Conversando sobre psicanálise: entrevista com Judith Butler". Patrícia Porchat Pereira da Silva Knudsen. *Revista de Estudos Feministas,* v. 18(1), Florianópolis, jan./abr. 2010, p. 161-170.

Leituras teóricas "essenciais"

ALTHUSSER, Louis. *Ideologia e aparelhos ideológicos de estado.* Tradução de José de Moura Ramos. Lisboa: Presença, 1980.

Embora Butler critique Althusser em *Excitable Speech* e *Psychic Life of Power,* a interpelação é muito importante para suas teorizações sobre a formação do sujeito. Leia o livro todo: não é muito longo nem muito difícil.

AUSTIN, J.L. *How to do things with words.* Cambridge, Mass: Harvard University Press, 1962.

Curto e acessível: vital para a compreensão de como Butler utiliza a performatividade linguística no contexto das teorizações de Althusser e da psicanálise.

BEAUVOIR, Simone de. *O segundo sexo.* Tradução de Sérgio Milliet. Rio de Janeiro: Nova Fronteira, 1980.

Não desanime pela extensão deste livro. Você encontrará a frase "Ninguém nasce mulher, mas se torna uma mulher" no começo do capítulo 1 do segundo volume.

DERRIDA, Jacques. Assinatura, acontecimento, contexto. In: DERRIDA, Jacques. *Margens da filosofia.* Tradução de Joaquim Torres Costa, Antônio Magalhães; Rev. técnica Constança Marcondes Cesar. Campinas, SP: Papirus, 1991.

O ensaio curto e não muito difícil de Derrida orienta as teorizações de Butler sobre a citacionalidade a partir de *Bodies That Matter* em diante. Em suas precisões sobre os temas da intenção autoral, do contexto e do significado, Derrida ecoa a ênfase de Austin no contexto e na convenção, mas, diferentemente de Austin, Derrida enfatiza a "citacionalidade, a duplicação, a duplicidade, [...] a iterabilidade da marca".

FOUCAULT, Michel. *A história da sexualidade. v. I: A vontade de saber.* Tradução de Maria Thereza da Costa Albuquerque e J. A. Guilhon Albuquerque. Rio de Janeiro: Graal, 1988.

Amplamente considerado como um dos textos "fundadores" da teoria *queer, A história da sexualidade* descreve a produção discursiva do sexo nas sociedades europeias burguesas capitalistas. Foucault argumenta que o sexo vem sendo colocado em discurso desde o fim do século XVI, quando a repressão do sexo coincidiu com o que ele chama de "a verdadeira explosão discursiva" dos discursos sexuais. Indispensável, acessível e curto, Butler se remete a esse texto ao longo de toda sua obra e no seu artigo "Sexual Inversions" ela reconsidera os argumentos de Foucault no contexto da Aids.

FREUD, Sigmund. Luto e melancolia (1914). In: FREUD, Sigmund. *A História do Movimento Psicanalítico, Artigos sobre a Metapsicologia e outros trabalhos.* Tradução sob a direção de Jayme Salomão. Rio de Janeiro: Imago, 1996. (Edição standard brasileira das obras psicológicas completas de Sigmund Freud, 14).

Curto, acessível e crucial para compreender as formulações de Butler sobre as identidades sexuadas e 'generificadas' melancólicas.

FREUD, Sigmund. O ego e o id. In: FREUD, Sigmund. *O ego o id e outros trabalhos* (1923). Tradução sob a direção de Jayme Salomão. Rio de Janeiro: Imago, 1996. (Edição standard brasileira das obras psicologicas completas de Sigmund Freud, 19).

Este ensaio não é tão curto nem tão acessível, não obstante, é indispensável e vale o esforço. Freud agora descreve toda a formação do ego como uma estrutura melancólica e um repositório dos desejos proibidos, e argumenta que é sobre essa base que as identidades de gênero e sexuadas são formadas. Butler discorda do argumento de Freud de que o desejo da criança seja determinado por sua disposição primária, argumentando que as disposições sexuais são produtos da lei.

HEGEL, G.W.F. *A fenomenologia do espírito.* Tradução de Paulo Menezes. Petrópolis:Vozes, 1992.

Vale a pena pelo menos fazer uma tentativa, e se você não tem a perseverança de ler tudo, pule para a seção IV (A) e (B), "Independência e dependência da consciência de si: dominação e escravidão" e "Liberdade da consciência-de-si: Estoicismo – Ceticismo – Consciência infeliz", na qual Hegel descreve o encontro entre o senhor e seu servo e o que vem depois. Se você se atrapalhar, recorra a Peter Singer ou a Jonatha Ree: ambos oferecem introduções excelentes e breves a Hegel (veja adiante).

KRISTEVA, Julia. *Powers of Horror: An Essay on Abjection.* Tradução de Leon S. Roudiez. New York: Columbia University Press, 1982.

A abjeção, aquilo que é rejeitado e expelido pelo – e do – sujeito, é outro elemento fundamental de *Gender Trouble.* Kristeva escreve que "não é a falta de limpeza ou saúde que causa a abjeção, mas, sim, aquilo que perturba a identidade, o sistema, a ordem. Aquilo que não respeita limites, posições, regras. O entremeio, o ambíguo, o misturado". De acordo com Butler, para o heterossexual, é o homossexual que é o "Outro" abjeto, mas a sua brilhante aplicação da teoria psicanalítica torna o abjeto central para o sujeito hétero. Leia o primeiro capítulo, "Approaching Abjecion".

LACAN, Jacques. *Escritos.* Tradução de Vera Ribeiro. Rio de Janeiro: Zahar, 1998.

As pessoas estão sempre falando sobre o quanto Lacan é difícil, mas se você leu Butler não deverá ter problema com isso. "O estádio do espelho como formador da função do Eu tal como nos é revelado na experiência psicanalítica" e "A significação do Falo" são os ensaios mais importantes para o propósito de compreender Butler. A noção de que o "Eu" é uma estrutura espacial, topográfica será familiar para você no primeiro ensaio, assim como será, no segundo ensaio, o que Lacan chama de "a função significante do falo".

MACKINNON, Catharine A. *Only Words*. Cambridge, Mass.: Harvard University Press, 1993.

O apaixonado processo acusatório de MacKinnon contra um sistema legal que salvaguarda a pornografia, o assédio racial e sexual como discursos "protegidos" sob a Primeira Emenda da Constituição dos Estados Unidos. Importante, curto e acessível.

NIETZSCHE, Friedrich. *Genealogia da moral: uma polêmica*. Tradução de Paulo César de Souza. São Paulo: Companhia das Letras, 1998.

Um texto importante no qual você encontrará as discussões de Nietzsche sobre a moralidade escrava, o *ressentimento*, o sofrimento, a culpa e o ascetismo. Se você está procurando a expressão "não existe ser por trás do fazer", etc., irá encontrá-la na seção 13 do primeiro ensaio.

RÉE, Jonathan. *Philosophical Tales: An Essay on Philosophy and Literature*, Londres: Methuen, 1987.

Não se trata exatamente de "teoria essencial", mas o útil (e curto) livro de Rée contém um capítulo excelente sobre Hegel, com uma seção sobre *A Fenomenologia*, completada com um diagrama da "jornada" do Espírito em direção ao saber absoluto. Leia o terceiro capítulo, "Hegel's Vision".

RUBIN, Gayle. *"O Tráfico de Mulheres: notas sobre a "Economia Política do Sexo"*. Tradução de Christiane Rufino Dabat, Edileusa Oliveira da Rocha e Sonia Correa. Recife: SOS Corpo, 1993.

As análises antropológicas feministas de Rubin sobre o "sistema sexo/gênero" como um conjunto de arranjos e divisões socialmente impostos permanecem como uma influência importante na obra de Butler. É fácil perceber o motivo, quando Rubin faz afirmativas tais como "O gênero é uma divisão socialmente imposta dos sexos".

SINGER, Peter. *Hegel*. Oxford: Oxford University Press, 1983.

Uma introdução útil e sucinta às ideias de Hegel.

WITTIG, Monique. *The Straight Mind and Other Essays*. Boston: Beacon Press, 1992.

Butler se afasta de Wittig em muitos pontos, mas os escritos "lésbicos materialistas" permanecem, apesar disso, como uma influência importante para ela. Leia pelo menos o primeiro dos três ensaios nessa coletânea ("A categoria do sexo", Não se nasce uma mulher" e "A mente hétero"), juntamente com "A marca do gênero", no qual, tal como Butler, Wittig argumenta que o sexo e o gênero não são *a priori* "naturais".

OBRAS CITADAS

ALTHUSSER, Louis. *Ideologia e aparelhos ideológicos de Estado*. Tradução de José de Moura Ramos. Lisboa: Presença, 1980 [1969].

AUSTIN, J.L. *How To Do Things With Words,* Cambridge, Mass.: Harvard University Press, 1962 [1955].

BARBIN, Herculine. *O diário de um hermafrodita*. Prefácio de Michel Foucault. Tradução de Irley Franco. Rio de Janeiro: Francisco Alves, 1982 [1978].

BELL, Vikki (1999a). Mimesis as Cultural Survival: Judith Butler and Anti-Semitism. *Theory, Culture and Society*, 16 (2), 1999a. p. 133-61.

BELL, Vikki. On Speech, Race and Melancholia. An Interview with Judith Butler. *Theory, Culture and Society,* 16 (2), 1999b. p. 163-74.

BENHABIB, Seyla; BUTLER, Judith, CORNELL, Drucilla; FRASER, Nancy. *Feminist Contentions: A Philosophical Exchange*. Londres: Routledge, 1995.

BHABHA, Homi. *O local da cultura*. Tradução de Myriam Ávila, Eliana Reis e Gláucia Gonçalves. Belo Horizonte: Editora UFMG, 1998.

BORDO, Susan. *Unbearable Weight: Feminism, Western Culture, and the Body*. Berkeley: California University Press, 1993.

BOURDIEU, Pierre. *O senso prático*. Tradução de Maria Ferreira. Petrópolis: Vozes, 2009 [1980].

BOURDIEU, Pierre. *O poder simbólico*. Tradução de Fernando Tomaz. Rio de Janeiro: Ed. Bertrand Brasil, 2002 [1977].

DE BEAUVOIR, Simone. *O segundo sexo*. v. 1 e 2. Tradução de Sérgio Milliet. Rio de Janeiro: Nova Fronteira, 1980 [1949].

DE LAURETIS, Teresa. *Technologies of Gender: Essays on Film, Theory and Fiction*. Bloomington: Indiana University Press, 1987.

DERRIDA, Jacques. O poço e a pirâmide: introdução à semiologia de Hegel. Tradução de Joaquim Torres Costa, António Magalhães. In: DERRIDA, Jacques. *Margens da Filosofia*. Campinas, SP: Papirus, 1991 [1968]. p. 107-147.

DERRIDA, Jacques. Assinatura acontecimento contexto. Tradução de Joaquim Torres Costa, António Magalhães. In: *Margens da Filosofia*. Campinas, SP: Papirus, 1991 [1971]. p. 349-373.

DOLLIMORE, Jonathan. Bisexuality, Heterosexuality, and Wishful theory. *Textual Practice*, 10 (3), 1996. p. 523-39.

EAGLESTONE, Robert. *Ethical Criticism. Reading After Levinas*. Edinburgh: Edinburgh University Press, 1997.

EAGLETON, Mary. Who's Who and Where's Where: Constructing Feminist Literary Studies. *Feminist Review*, 53, 1996. p. 1-23.

ELIOT, T.S. Sweeney Agonistes: Fragments of an Aristophanic Melodrama. In: *The Complete Poems and Plays of T.S. Eliot*. Londres: Faber, 1969 [1939]. p. 83-119.

EPSTEIN, Barbara. Why Post-Structuralism is a Dead End for Progressive Thought. *Socialist Review*, 25 (2), 1995.

ERIBON, Dider. *Michel Foucault – 1926-1984*. Tradução de Hildegard Feist. São Paulo: Companhia das Letras, 1990.

FOUCAULT, Michel. *Vigiar e punir. O nascimento da prisão*. Tradução de Lígia Vassalo. Petrópolis: Vozes. 1987.

FOUCAULT, Michel. *A história da sexualidade. v. 1: a vontade de saber*. Tradução de Maria Thereza da Costa Albuquerque e J. A. Guilhon Albuquerque. Rio de Janeiro: Graal, 1988.

FOUCAULT, Michel. *História da loucura na idade clássica*. Tradução de José Teixeira Coelho Netto. São Paulo: Perspectiva, 1997.

FOUCAULT, Michel. Nietzsche, a genealogia e a história. In: FOUCAULT, Michel. *Ditos e escritos. v. 2*. Tradução de Elisa Monteiro. Rio de Janeiro: Forense Universitária, 2000, p. 260-281.

FOUCAULT, Michel. What Is Critique? In: LOTRINGER, Sylvere; HOCHROTH, Lysa (Orgs.). *The Politics of Truth: Michel Foucault*. Nova York: Semiotexte, 1997 [1978].

FRASER, Nancy. False Antitheses. In: BEHHABIB, Sheila; BUTLER, Judith; CORNELL, Drucilla; FRASER, Nancy. *Feminist Contentions: A Philosophical Exchange.* Londres: Routledge, 1995. p. 59-74.

FREUD, Sigmund. Notas psicanalíticas sobre um relato autobiográfico de um caso de paranoia (1911). In: FREUD, Sigmund. *O caso Schreber. Artigos sobre a técnica e outros trabalhos.* Tradução sob a direção de Jayme Salomão. Rio de Janeiro: Imago, 1996. (Edição standard brasileira das obras psicológicas completas de Sigmund Freud, 12).

FREUD, Sigmund. Totem e tabu (1913). In: FREUD, Sigmund. *Totem e tabu e outros ensaios.* Tradução sob a direção de Jayme Salomão. Rio de Janeiro: Imago, 1996. (Edição standard brasileira das obras psicológicas completas de Sigmund Freud, 13).

FREUD, Sigmund. Luto e melancolia (1914). In: FREUD, Sigmund. *A História do movimento psicanalítico, artigos sobre a metapsicologia e outros trabalhos.* Tradução sob a direção de Jayme Salomão. Rio de Janeiro: Imago, 1996. (Edição standard brasileira das obras psicológicas completas de Sigmund Freud, 14).

FREUD, Sigmund. "Sobre o narcisismo: uma introdução." (1914). In: FREUD, Sigmund. *A História do movimento psicanalítico, artigos sobre a metapsicologia e outros trabalhos.* Tradução sob a direção de Jayme Salomão. Rio de Janeiro: Imago, 1996. (Edição standard brasileira das obras psicológicas completas de Sigmund Freud, 14).

FREUD, Sigmund. O ego e o id. In: FREUD, Sigmund. *O ego e o id e outros trabalhos.* Tradução sob a direção de Jayme Salomão. Rio de Janeiro: Imago, 1996. (Edição standard brasileira das obras psicológicas completas de Sigmund Freud, 19).

FREUD, Sigmund. O mal estar na civilização (1930). In: FREUD, Sigmund. *O futuro de uma ilusão. O mal estar na civilização e outros trabalhos.* Tradução sob a direção de Jayme Salomão. Rio de Janeiro: Imago, 1996. (Edição standard brasileira das obras psicológicas completas de Sigmund Freud, 21).

GATES, Henry Louis Jr. The Master's Pieces: On Canon- Formation and the African-American Tradition. In: GATES, H.L. (org.) *Loose Canons: Notes on the Culture Wars,* Oxford: Oxford University Press, 1992, p. 17-42.

GILROY, Paul. *The Black Atlantic: Modernity and Double Consciousness.* Londres: Verso, 1993.

GOLDBERG, Jonathan. Strange Brothers. In: SEDGWICK, Eve (Org.). *Novel-Gazing: Queer Readings in Fiction.* Durham e Londres: Duke University Press, 1997. p. 465-82.

HARDY, Thomas. *Tess of the d'Urbervilles.* In: SKILTON, David (Org.). Londres: Penguin, 1978 [1891].

HEGEL, G.W.F. *A fenomenologia do espírito. v. 1 e 2.* Tradução de Paulo Menezes. Petrópolis: Vozes, 1992 [1807].

HOOD, Williams; HARRISON, John; Wendy. Trouble With Gender. *The Sociological Review,* 46 (1), 1998. p. 73-94.

hooks, bell. "Is Paris Burning?". In: hooks, bell. *Reel to Real: Race, Sex, and Class At the Movies.* Londres: Routledge, 1996. p. 214-26.

HOVEY, Jaime. "Kissing a Negress in the Dark: Englishness as Masquerade in Woolf's *Orlando". PMLA,* 112 (3), 1997. p. 393-404.

HULL, Carrie. The Need in Thinking: Materiality in Theodor W. Adorno and Judith Butler. *Radical Philosophy,* 84, Julho/Agosto, 1997. p. 22-35

HYPPOLITE, Jean. *Gênese e Estrutura da* Fenomenologia do espírito *de Hegel.* Tradução de Sílvio Rosa Filho. São Paulo: Discurso, 1999 [1946].

INWOOD, Michael. *Hegel Dictionary,* Oxford: Blackwell, 1982.

KOJÈVE, Alexandre. *Introdução à leitura de Hegel.* Tradução de Estela dos Santos Abreu. Rev. César Benjamin. Rio de Janeiro: Contraponto, 2002 [1941].

KRISTEVA, Julia. *Powers of Horror: An Essay on Abjection.* Tradução de Leon S. Roudiez. Nova York: Columbia University Press, 1982.

LACAN, Jacques. O estádio do espelho como formador da função do eu. In: LACAN, Jacques. *Escritos.* Tradução de Vera Ribeiro. Rio de Janeiro: Zahar Ed., 1998 [1949].

LACAN, Jacques. A significação do falo. In: LACAN, Jacques. *Escritos.* Tradução de Vera Ribeiro. Rio de Janeiro: Jorge Zahar, 1998 [1958].

LARSEN, Nella. *Quicksand and Passing.* In: MACDOWELL, Deborah E. (Org.). New Brunswick, New Jersey: Rutgers University Press, 1986. [1928, 1929].

LOVELL, Terry. Feminist Social Theory. In: TURNER, Brian S. (Org.). *The Blackwell Companion to Social Theory.* Oxford: Blackwell, 1996. p. 307-39.

MACKINNON, Catharine. *Only Words.* Cambridge, Mass.: Harvard University Press, 1993.

MCNAY, Lois. Subject, Psyche and Agency: The Work of Judith Butler. *Theory, Culture and Society,* 16 (2), 1999. p. 175-93

MOI, Toril. *What Is a Woman? and Other Essays.* Oxford: Oxford University Press, 1999.

NIETZSCHE, Friedrich. *Genealogia da moral: uma polêmica.* Tradução de Paulo César de Souza. São Paulo: Companhia das Letras, 1998 [1887].

NUSSBAUM, Martha. The Professor of Parody. *New Republic,* 22, fevereiro 1999.

O'DRISCOLI, Sally. Outlaw Readings: Beyond Queer Theory. *Signs: Journal of Women in Culture and Society,* 22 (1), 1996. p. 30-49.

PROSSER, Jay. *Second Skins: The Body Narratives of Transsexuality.* Nova York: Columbia University Press, 1998.

RAJAN, Tilottama. Autonarration and Genotext in Mary Hays' *Memoirs of Emma Courtney. Studies in Romanticism,* 32, 1993. p. 149-76.

RÉE, Jonathan. *Philosophical Tales: An Essay on Philosophy and Literature.* Londres: Methuen, 1987.

RUBIN, Gayle. *O tráfico de mulheres: notas sobre a "Economia política do sexo.* Tradução de Christiane Rufino Dabat, Edileusa Oliveira da Rocha e Sonia Correa. Recife: SOS Corpo, 1993. [1975].

SARTRE, Jean Paul. *O ser e o nada. Ensaio de ontologia fenomenológica.* Tradução de Paulo Perdigão. Rio de Janeiro: Vozes, 1997. [1943].

SAUSSURE, Ferdinand de. *Curso de linguística geral.* Tradução de Antonio Chelini, José Paulo Paes e Izidoro Bikstein. São Paulo: Cultrix, 1977. [1916].

SEDGWICK, Eve. *Epistemology of the Closet.* Londres: Penguin, 1990.

SEDGWICK, Eve. *Tendencies.* Londres: Routledge, 1994.

SHILDRICK, Margrit. Judith Butler. In: BROWN, Stuart; COLLINSON, Dina; WILKINSON, Robert (Orgs.). *Blackwells Biographical Dictionary of Twentieth-Century Philosophers.* Oxford: Blackwell, 1996. p. 117-18.

SINFIELD, Alan. Diaspora and Hybridity: Queer Identities and the Ethnicity Model. *Textual Practice,* 10 (2), 1996. p. 271-93.

SINGER, Peter. *Hegel.* Oxford: Oxford University Press, 1983.

THURSCHWELL, Pamela. *Sigmund Freud.* Londres: Routledge, 2000.

WARNER, Michael. *Fear of a Queer Planet: Queer Politics and Social Theory.* Minneapolis: University of Minnesota Press, 1993.

WATTS, Carol. Releasing Possibility into Form: Cultural Choice and the Woman Writer. In: ARMSTRONG, Isobel (Org.). *New Feminist Discourses: Critical Essays on Theories and Texts.* Londres: Routledge, 1992. p. 83-102.

WITTIG, Monique. *The Straight Mind and Other Essays.* Boston: Beacon Press, 1992.

WRIGHT Elizabeth (Org.). *Feminism and Psychoanalysis: A Critical Dictionary.* Oxford: Blackwell, 1992.

YEGHIAYAN, Eddie. *Bibliography of Works By and On Judith Butler.* On-line. Disponível em: <http://goo.gl/abrT6>. Accesso em: 20 mar. 2012.

NOTAS

Optou-se por apresentar em português os títulos de todos os livros e artigos referidos ao longo do texto. Para as obras das quais já se dispõe de tradução em língua portuguesa, as citações (consequentemente as indicações de páginas) foram feitas de acordo com as publicações brasileira ou portuguesa. Os livros e artigos de Butler foram sempre referidos segundo a versão original, em inglês. Em "Abreviaturas", há uma listagem das principais obras da autora seguida pelas abreviações que são utilizadas ao longo do livro. Todas as notas são da tradutora.

[1] O título original joga com a polissemia da palavra "*matter*", em inglês. Como verbo ("*to matter*"), significa "importar", "ter importância". Como substantivo, significa tanto "matéria", no sentido de "substância física, corporal", quanto "assunto", "questão", "problema". A tradução sugerida entre colchetes tenta preservar alguns aspectos dessa polissemia, mas, obviamente, outros ficam de fora.

[2] Tal como em outros títulos de seus trabalhos, Judith Butler joga com a polissemia de algumas palavras. Aqui, o jogo é com a palavra "trouble": "perturbação", "confusão", "problema" (no sentido de "causar problema").

[3] *Snakes and Ladders* [*Escadas e Serpentes*] – trata-se de um antigo jogo familiar indiano. Consiste de um tabuleiro com quadrículas (casas) numeradas e um dado que pode ser jogado por duas ou mais pessoas. No tabuleiro está desenhada uma série de "escadas" e de "serpentes", e o objetivo de cada jogador é avançar de um ponto inicial até a parte superior do tabuleiro. O lance do dado é que irá determinar a sorte de encontrar no caminho uma escada (que permite o avanço) ou uma serpente (que impede de seguir adiante ou faz recuar). Historicamente, o jogo ligava-se a lições morais e ao destino ou *karma*, o progresso no tabuleiro simbolizando uma jornada de vida marcada por virtudes (as escadas) ou vícios (as serpentes). Com outros nomes e modificações, tornou-se um jogo infantil popular em muitos países (no Brasil é conhecido como Ludo).

[4] Tal como observado em nota anterior, Judith Butler, joga, no título de seu livro *Gender Trouble,* com a polissemia da palavra "*trouble*", que pode significar, entre outras coisas, "problema", "perturbação", "confusão", especialmente em expressões em que aparece combinada com certos verbos ("to be", "to make", "to cause"). Mais especificamente, no caso do "*trouble*" do título, a ressonância é com a utilização da palavra em expressões que significam "ser um problema", "causar perturbação", "causar confusão". No caso do título desta seção, a autora faz um jogo de palavras que implica entender "*trouble*" como "problema".

[5] No original, "*The matter of matter*", um evidente jogo de palavras entre dois dos sentidos da palavra "matter", em inglês: "matéria" (substância corpórea) e "questão", "tema". Embora "matéria", em português, também admita esses dois sentidos, o jogo de palavras não é, aqui, tão imediato. A autora joga também com o título do livro de Butler que é comentado neste capítulo: *Bodies That Matter*. Tentarei, no restante do capítulo, manter a ambiguidade "matéria/questão", traduzindo, sempre que possível, "matter" por "matéria".

[6] No original, "*bodies that currently 'matter' and those that don't.*" Como já observado em nota anterior, a autora joga, tal como faz Judith Butler no título do livro *Bodies That Matter*, com os múltiplos sentidos

de "*matter*" (como verbo ou como substantivo): matéria, questão, importar ou ter importância. A tradução, nesta passagem, por "pesar", tenta reproduzir o jogo do original, ao jogar com o duplo sentido de "pesar" ("determinar o peso" e "influir decisivamente"). Não se pode esquecer, entretanto, que o jogo do título original do livro é também, de forma central, com o substantivo "matter", no sentido de matéria como substância de um corpo qualquer. Neste caso, a tradução do verbo "to matter" por "pesar" apenas obliquamente reproduz esse sentido do substantivo "matter" ao se referir a uma das propriedades da matéria, ou seja, o seu peso.

[7] As citações do livro *How to do things with words* foram traduzidas diretamente da edição original.

[8] A autora se refere uma série de manifestações promovidas por grupos gays e lésbicos, muitas delas reconhecidas em nosso meio pela expressão em inglês. No Brasil, há uma diversidade de denominações populares para eventos das comunidades LGBTT, como bailes transformistas com *performance*s de *drag*s ou que reúnem homens e mulheres que "se montam" com roupas e adereços do "outro" sexo; alguns espaços denominam de "beijaço" à atividade de beijar em público *(Kiss-in)*. A *performance cross-dressing* que consiste em vestir roupas e acessórios associados ao sexo oposto sem que isso implique modificações no corpo ou transexualidade.

[9] No livro em questão, como ressalta Sara Salih, Judith Butler explica que "No Direito, palavras 'excitáveis' [*'excitable' utterances*] são aquelas pronunciadas sob pressão, em geral, confissões que não podem ser usadas no tribunal por não refletirem o estado mental equilibrado de quem as faz" (Butler, ES, p.15). Resolvi manter a palavra cognata em português, "excitável", sobretudo por causa da ressonância com a noção de "citação", extensamente explorada por Judith Butler e pela autora do presente livro. Na mesma linha, a expressão que dá título ao livro (*Excitable Speech*) é traduzida por "fala excitável".

[10] *R.A.V. vs. Saint Paul* — Trata-se de um caso jurídico ocorrido na cidade de St. Paul, Minnesota, em 1990. Ao final dos anos 1980 e início dos 1990, a questão do discurso do ódio ganhou importância nos Estados Unidos. Em resposta a isso, mais da metade dos estados e o governo federal norte-americano promulgaram decretos sobre

o crime de ódio. Em 1989, a cidade de St. Paul adotou uma medida que, entre outras coisas, declarava contraventora qualquer pessoa que colocasse "em propriedade pública ou privada, um símbolo, objeto, designação, caracterização ou grafite, incluindo, mas não se limitando a, uma cruz em chamas ou uma suástica nazista, que se acredita ou se tem fundamentos para supor que podem provocar raiva, alarme ou ressentimento com base na raça, cor, credo, religião ou gênero". Na madrugada do dia 21 de junho de 1990, Robert A. Viktora (R.A.V) de 17 anos e Arthur Miller, de 18, junto com vários outros adolescentes, queimaram uma cruz no pátio da casa de uma família negra. Na corte, o advogado de Viktora conseguiu que a causa contra seu cliente fosse rejeitada, argumentando que o decreto de St. Paul era desmedido, inadmissível e, consequentemente, uma limitação inconstitucional à liberdade de expressão garantida pela Primeira Emenda. A suprema corte de Minnesota, contudo, reverteu o julgamento e sustentou que a medida era uma forma apropriada para se conseguir efetivo interesse governamental em proteger a comunidade das ameaças à segurança pública e à ordem motivadas por preconceito. O caso provocou, como poucos, grande divergência e discussão entre juízes. A decisão lançou dúvida sobre a constitucionalidade de outras leis locais e estaduais a respeito do ódio, provocando uma série de debates. Pode-se dizer que o caso R.A.V. abrandou, mas de forma alguma terminou com o uso de limitações impostas legalmente sobre o discurso do ódio.

[11] Em março de 1991, Rodney King, um taxista afro-americano foi detido por infração de trânsito e violentamente espancado pela polícia de Los Angeles. A cena, registrada em vídeo por uma testemunha, correu o mundo. Levados a julgamento, os policiais foram absolvidos em 1992, por um júri formado por dez brancos, um negro e um asiático. A absolvição gerou profunda indignação e provocou uma das maiores ondas de violência da história da Califórnia.

[12] No original *What's Left of Theory?*. Em inglês, a palavra *left* significa, como se sabe, esquerda e é, também, o passado do verbo *to leave*, que tem o sentido de deixar, abandonar, esquecer. O jogo de palavras a que a autora se refere só faz sentido, obviamente, no original: *The editors pun repetitively on the word 'left' as they ask*

whether what they call 'a politically reflective literary analysis' has left theory behind, and whether theory must be left behind in order for a politically left literary analysis to emerge.

[13] Quando disponíveis, foram acrescentadas referências aos textos de Butler traduzidos para o português.

Este livro foi composto com tipografia Bembo e impresso
em papel Off-White 70 g/m² na Formato Artes Gráficas.